王
涛
著

我国体育硕士专业学位研究生
案例教学研究

RESEARCH ON
THE USE OF THE CASE METHOD
IN THE TRAINING OF
PROFESSIONALS IN POSTGRADUATES STUDY OF
PE IN CHINA

社会科学文献出版社
SOCIAL SCIENCES ACADEMIC PRESS (CHINA)

序一

这本专著是王涛博士在其论文基础上进一步修改完善而成的，本人多年从事体育硕士研究生培养的工作，深知我国体育硕士专业学位研究生培养存在专业特点不明显的现象，好在作者读博期间多次与本人共同参与全国体育专业学位研究生教育指导委员会的一些工作，因此，在如何解决这一问题方面积累了一定经验。不仅如此，在本人主持的多项课题研究中，王涛博士表现出优秀的学习能力、科研能力及完成能力，与他相处时总能发现，他是一个很好的意见获取者，遇事不决时，总能在科研过程中一些关键问题的解释上提出创新性的意见。更难能可贵的是他能很好地扮演课题或者科研团队中一分子的角色，能很好地成为团队中的黏合剂，总能稳当地处理各类事项。

可以说，作为改革的重要形式，案例教学对当下体育硕士研究生培养来说极为重要且必要，这种教学方式的改变旨在深入推进我国体育硕士专业学位研究生培养模式改革的理论与实践探索。这本专著审视了我国体育硕士案例教学的现实问题，借鉴了国外跨学科案例教学的经验，构建了我国体育硕士案例教学的模式，证明了案例教学行动的可行性，并进一步提出了案例教学对体育硕士认知网络及 PCK 方面的影响，是对我国体育硕士培养过程中如何体现专业性特点的一次很好的尝试与探索。

王　健

天津体育学院教授、博士生导师

序二

专业学位研究生教育是研究生教育体系的重要组成部分，是培养高层次应用型专门人才的主要途径。我国专业学位研究生教育发展历程短，体育硕士专业学位研究生培养尚处于发展过程中。时至今日，体育硕士培养依然没有摆脱课程教学上的"同质化"现象，推进体育硕士教学与实践的有机融合正面临挑战。事实上，《关于深化研究生教育改革的意见》《关于深入推进专业学位研究生培养模式改革的意见》等指导性文件都将案例教学视为推动专业学位研究生培养模式改革及教学模式创新的重要手段。

自 20 世纪 70 年代哈佛大学法学院院长克里斯托弗·哥伦布·兰代尔为"案例教学"命名以来，案例教学法凸显了较为明显的真实性、典型性、实践性、情境性等特征。可惜的是，我国直到 20 世纪 80 年代才开始尝试使用案例教学，由于推广时间较晚，教育改革又受到各种阻力，案例教学法始终未能得到足够重视，体育硕士培养方面更是如此。所以，摆在眼前的问题是：如何在体育硕士培养过程中改革教学方式，加强案例教学？案例教学的使用能对体育硕士产生怎样的影响？

这本专著以体育硕士案例教学为研究对象，主要运用行动研究法对收集的体育硕士案例教学资料进行 ENA 认知网络分析。可以说这是将案例教学与体育硕士培养相结合，并探索体育硕士案例教学模式的一次很好的尝试。

方千华

福建师范大学体育科学学院教授、博士生导师

目　录

绪　论

一　研究背景

（一）内涵式发展：体育硕士专业学位研究生教育发展的需求

质量是高等教育的生命线。2020年全国研究生教育会议强调：以提升研究生教育质量为核心，深化研究生培养模式改革，推动内涵式发展，为建设社会主义现代化强国提供更坚实的人才支撑。可见，研究生教育是培养国家高层次人才的主要途径，也是国家创新体系的重要组成部分。自《国家中长期教育改革和发展规划纲要（2010—2020年）》确定了"提高质量"的重要方针以来，提高质量成为研究生教育改革与发展的艰巨任务。其中，优化研究生教育结构是提高研究生教育质量的前提，而研究生教育结构优化又离不开研究生类型结构的调整。因此，为了满足社会对高层次、应用型专门人才的需求，我国逐步调整研究生教育体系及研究生类型结构，加大对全日制专业学位研究生的培养力度。

作为研究生教育体系的组成部分，体育硕士专业学位研究生培养需要立足我国高等教育发展规划，既要满足经济社会发展的需求，又要提高人才培养质量。我国正处在由体育大国向体育强国转变的时期，将面临健康中国与全民健身上升为国家战略，体育产业蓬勃发展，学校体育与学生体质健康的关注度日益提升，"双一流"建设与专业学位发展加快。以上这些将对我国体育硕士专业学位研究生的培养提出新的要求与挑战，即在满足社会经济需求的前提下，培养大量高层次、应用型人才。但这些需求进一步细化会出现怎样的表征形式？体育硕士专业学位研究生培养质量如何提升？这些都是值得深思的问题。

（二）案例教学：体育硕士专业学位研究生创新人才培养的模式

2013 年，教育部、国家发展改革委、财政部联合印发的《关于深化研究生教育改革的意见》提出"创新人才培养模式"的任务，在培养模式、课程建设、质量评价等方面对研究生培养提出了要求：建立以提升职业能力为导向的专业学位研究生培养模式。作为研究生创新人才培养的组成部分，强化专业学位研究生实践能力培养、构建符合专业学位特点的课程体系等是专业学位研究生教育改革与人才培养的关键措施。

案例教学是一种理论与实践紧密结合的创新教学方式，在我国近几年颁布的专业学位研究生相关政策中被多次提及。2013 年颁布的《关于深入推进专业学位研究生培养模式改革的意见》中，案例教学被看作改进专业学位研究生课程教学的创新教学方法；2015 年颁布的《关于加强专业学位研究生案例教学和联合培养基地建设的意见》，既从立意高度凸显案例教学在专业学位研究生培养中的重要性，又从现实维度提出重视案例编写、开展案例教学、建设案例库、推进案例教学国家化等多项举措；2017 年颁布的《学位与研究生教育发展"十三五"规划》中，"课程体系及案例库建设"被列为"十三五"期间需要组织实施的重大项目之一。

从实践情况来看，当前案例教学在我国管理学、法学、教育学等学科的研究生培养中多有涉及，各学科的研究成果基本论证了案例教学在促进硕士研究生理论联系实践方面的有效性。此外，案例教学在有效引导学生发现问题、分析问题、解决问题等方面的优势逐渐得到国内外研究生培养单位的认可。反观体育硕士培养方面，案例教学的开展尚处于起步阶段，单从中国专业学位案例中心的案例数量来看，体育学科刚刚开通案例库且仅有 8 篇案例，与其他学科的案例数量存在很大的差距，特别是管理学、法学等学科还独立开设了具有学科特色的教学案例库。因此，推进案例教学、创新体育硕士专业学位研究生人才培养亟待开展。

（三）理论联系实践：体育硕士专业学位研究生培养的现实诉求

专业学位与学术学位研究生之间的界限模糊是专业学位研究生培养中的关键问题。关于两者之间的差别，我国出台的多项政策早已进行明确界定："专业学位研究生"注重以职业需求为导向的实践能力培养；"学术学位研究生"注重以科研为导向的创新能力培养。即便如此，我国大部分体育院校在确定培养目标时仍依据简单的指导性方案，致使培养特色缺失与培养目标趋同，进而导致核心课程共性强、授课形式单一、学位论文应用价值低。其中，体育硕士的理论课程学习过多，实践类课程设置不足，可见体育硕士培养尚不能满足社会对应用型人才的需求。

我们不禁要思考，在课程设置中增加案例教学是解决体育硕士培养中实践性缺失的主要途径吗？体育硕士培养毫无疑问需要体现实践性，目前以教学实践为主的培养模式，为学校教学过渡到工作场域提供了先理论后实践的常规教学逻辑，但同时忽视了在体育硕士研究生培养过程中如何让学生学会"理论联系实践"。体育硕士理论教学与教学实践之间同样存在一个过渡过程，这一过程虽然很少有人关注，却是教学体现实践性的重要环节。理论联系实践的课程本身并不是绝对意义上的理论课程或实践课程，其以核心课程为载体，融于体育硕士案例教学之中。毫无疑问，案例教学将是对体育硕士专业学位研究生"理论联系实践"诉求的应答。

综上可以发现，大量科研与实践的最终目的都指向研究生培养质量的提高。可见，质量是研究生教育体系中的关键问题。结合当前的科研背景、实现依据及理论探讨来看，案例教学是否能够应用在体育硕士专业学位研究生的培养之中？体育硕士培养与案例教学之间存在怎样的逻辑关系？案例教学模式在体育硕士培养中究竟承担着怎样的角色？案例教学模式应用于体育硕士培养需要怎样的设计、实施与修正，又能取得怎样的教学效果？通过对这些问题的反思，本书确立了如下研究问题：

（1）如何定义体育硕士案例教学？体育案例、体育硕士及案例教学之间存在怎样的逻辑关系？案例教学对体育硕士培养具有怎样的价值意蕴？

（2）当前我国体育硕士案例教学的现状如何？体育硕士授课教师如何

看待案例教学？已经实践过案例教学的教师又会对案例教学有怎样的看法？体育硕士案例教学开展时的影响因素与面临的现实难题又有哪些？

（3）国外体育案例具有怎样的特征？这些体育案例的内容核心要素具有怎样的结构体系？作为案例教学的经典院校，哈佛大学商学院、教育研究生院以及毅伟商学院又能为我们提供怎样的实践经验？

（4）在整理案例教学理论基础，进行现实考量及经验借鉴的前提下，我国体育硕士案例教学模式如何构建？在实际的行动教学中，体育硕士案例教学又会产生怎样的效果？

二　研究目的与意义

（一）研究目的

首先，通过回顾案例教学的起源与发展，辨析体育硕士与案例教学等相关术语之间的关系，探究体育硕士案例教学的内涵、类型与分类。

其次，审视我国体育硕士案例教学模式构建的理论基础，调查我国体育硕士案例教学认知与实施层面的现实情况，并探索国外体育案例的特征及相关学科案例教学的实践经验。

再次，构建我国体育硕士案例教学模式，分析体育硕士案例教学模式构建的目标、原则以及模式所包含的内容要素与实施要素，并在具体行动中提炼体育硕士教学案例的研发程序与案例教学的实施过程。

最后，通过体育硕士案例教学模式的行动研究，分析案例教学模式在行动过程中的问题与效果，探寻体育硕士通过案例教学获得了怎样的能力提升。

（二）研究意义

第一，因应研究生教育改革需要，为体育硕士专业学位研究生培养提供新思路。在我国，培养模式改革是体育硕士教育改革与发展的主要内容，国家近几年的政策始终将案例教学视为体育硕士教育的创新教学方法之一；同时，案例教学也是促进体育硕士教学与实践有机融合的主要途径，更是国家研究生教育改革"十三五"规划的重大实施项目之一。

第二，丰富案例教学的研究领域，形成体育学自身的案例教学理论。相比西方国家，我国案例教学起步较晚，不仅研究成果较少，而且教学实践较为滞后。体育硕士的几个授课领域与国内已开展案例教学的各类学科之间存在学科属性上的关联，对跨学科案例教学实践经验的借鉴，既能丰富当前案例教学的研究领域，又能帮助体育学科形成自身的案例教学理论，为案例教学更好地融入我国体育硕士教育体系提供了理论支撑。

第三，为案例教学应用于体育硕士培养搭建理论与实践之桥。体育学科案例教学相关研究匮乏，而围绕案例教学开展教学行动的学校更是少见。本研究将涉及"体育硕士案例教学的理论探析""体育硕士案例教学模式的构建""体育硕士案例教学模式的行动研究"三个方面，兼顾理论探析与实践行动，研究成果能为我国体育硕士案例教学提供一定的理论与实践指导。

三 文献综述

（一）有关案例教学的研究

案例教学起源于 19 世纪 70 年代的哈佛大学法学院，后由于商学院的推广与实践上的成功，才逐渐被师资培育、临床医学、新闻传媒、建筑等领域所广泛使用。学科之间的差异衍生了对案例教学的不同看法。例如工商管理专业硕士教育将案例教学视为一种情景教学方式。在法学层面，案例教学被视为一种"非常棒的实践"，至今依然是美国各大法学院的基本教学方法，是加强实践性教学的有益尝试。经过多年的发展，围绕案例教学所形成的实践性课程在法学实践教学中得以深入开展，其中诸如法律诊所、模拟法庭、谈判等各类形式的教学课程取得一定成效。这些成效源于案例教学对传统教学的突破，传统教学将教学内容局限于本学科之内，解决与回答的基本是本学科问题，各个学科之间被机械隔离；而案例教学将具体问题置于真实情景中进行探讨，这样的方式打破了原有教学层面学科之间的壁垒，既疏通了学科之间在教学方面的联系，又提升了学生对学科的全面认识。谢晓专（2017）认为，案例教学不是简单的"举例教学"或"案例分析"，它是一个系统工程，这一系统工程囊括了案例的选编、案例教学设计、案例评价等多个要素与环节。教学案例与案例教学的形成往往需要耗费一定的时间。因此，要真正习得案例教学的内涵与精髓，使案例教学的价值得以实现。当前案例教学研究主要围绕两个方面展开：一方面是以定性研究为主的案例教学现状与问题类研究；另一方面是以定量研究为主的案例教学质量评价研究。从研究的主题来看，主要分为案例教学的研发、应用、评价等。

1. 案例教学的研发

在进行案例教学的研发时，需要把握研发过程的关键点。从目前研究成果来看，案例研发有以下两点需要特别注意：其一，案例编写过程中不要过度分析，分析是学生的主要任务；其二，案例编写时尽量减少观点倾向的改编，应保证编撰的案例中保留原有正反中立的观点（史美兰，2005）。由于普通案例转换成教学案例需要经过案例研究的过程，而案例研究的方式又是多样的，因此，两者之间的嫁接关系提醒教师在编写教学案例时，应避免出现"越轨"现象，进而有效区分案例研究与教学案例在写作上的差别（宁骚，2006）。当前我国案例教学的研发具有一定的艰难性：教材中案例总量偏少，课时比重较小，缺少案例甄别的相关规范，案例教学的实施效果不佳（李广培，2001；周新华，2002）。通常情况下，学生预作业布置、课堂时间分配、是否需要板书等也是案例教学实施中不可忽视的因素（江卫东，2002）。史美兰（2005）提出，案例教学的效果主要取决于教师的水平，而教师熟悉案例的时间维度不太好掌握，或长或短，一般至少要 2~3 年。这种时间跨度需从长计议。由于案例研发受到教学改革的阻力，专业硕士案例教学库建设的处境较为尴尬。案例编写没有一个基本的标准，导致案例种类多样，教师编写随意，案例使用低效，案例推广困难，案例私有化现象较多（王应密等，2013）。

2. 案例教学的应用

案例教学是专业学位教学改革的重要途径，在我国开展时间不长，虽取得了一定的成绩，但也不得不面对一些发展过程中的难题，如教师教学的积极性低下、学生参与度不高、教学案例选取脱离实际、案例教学形式与传统教学类似等。

教师在案例教学的推进过程中扮演着重要角色。而在现实中，教师角色难以转换、知识传输形式陈旧、激励政策缺失导致行动迟缓等问题成为案例教学推进过程中的阻力。案例教学目标单一且教学情境缺乏本土化的现象，主要是由教师依旧注重知识灌输与堆集，不重视知识的应用与创作所致（李太平等，2017）。同时，正是由于教师对案例教学推进的积极性不高且激励政策缺失，教师在教学案例创作上明显动力不足，这也使得我国教学案例的获取途径极为狭窄。教师角色错位是阻碍案例教学发展的重要影响因素之一，而教师角色的转变是推动案例教学发展的主要途径（向俊杰等，2018）。图书情报硕士专业学位（MLIS）一直是案例教学研究的重要领域，该专业在全国专业学位研究生教育指导委员会的指导下广泛开展案例教学，但也在案例教学的过程中遇到诸如教师积极性激发、教学效果反馈等方面的问题（鄢嫦等，2018）。此外，有学者认为传统文化抑制了案例教学在我国的发展。在西方案例教学文化思潮的影响下，我国案例教学尚未构建自己的文化语境，这种文化语境的缺失主要受制于我国自编案例的数量。耗时颇多的案例研究本身便已游走在科研领域的边界，而以案例研究为材料基础、以教学论为执行基础的案例教学既受到科研环境的影响，又受到教师消极教学态度的打击。

案例教学并非全新的教学模式，但在教学实践过程中还有不少需要注意的问题。在使用案例教学时常常出现用不好甚至用错的现象，这是由于教师对案例教学模式的认识不够深刻，除了基本的模式构建，教学效果的评价标准同样重要。同时，案例教学在目标、内容与实施方面需要更多的关注以及伦理性思考。专业伦理对教师专业发展的要求超出了知识与技能掌握的范畴，教师需要在实践中遵循一定的价值规范，因此案例教学需要进一步关注伦理尺度。案例教学过程通常分为三个基本阶段（埃利特，2009），我国一般停留在课堂上运用案例教学原理进行教学的第一阶段，而以案例讨论与案例研究为核心的第二阶段，以授课教师将案例研究成果转换成案例教学为核心的第三阶段，还未曾涉及。正是得于以上结论，案例教学伦理尺度缺失的众多表现之中，基于原理解说的案例分析方式在案例教学的实施步骤中体现得较为明显。这些问题既源于绩效导向的目标要求，也源于长久的学术追求与社会的认知偏差——忽视实践中的生成智慧。因此，要实践伦理层面的案例教学，需要进行基于合作与开放的文化革新。面对案例教学在我国发展迟缓的文化制约因素，需要通过"革新教育文化"的路径来走出困境，具体表现在：重构相辅相成的科研与教学关系；重构自主、合作、探索的现代学习观；重构案例教学在人、社会、知识价值层面的三位一体。国外一些已有的实践经验普遍作用在案例、情境、体验、点评四个要素上（McAninch，1993；Wassermann，1994；Farashahi and Tajeddin，2018）。

3. 案例教学的评价

案例教学质量受到多种因素的影响，其中影响案例教学质量学生评价的主要因素包括案例选取、案例课堂设计、案例教学师资、案例教学的能力培养导向、案例考核等。学生对案例教学之所以寄予厚望，是因为大部分学生期望从案例教学中获得个人在思考或思维能力方面的提升，同时能够在具备较强感染力的课堂气氛中获得积极的学习效果。工商管理专业学生选择案例教学进行学习，多数是迫于学分压力或是受选课过程中一些规则上的限制。在调查结果中，我们能够了解学生对于案例教学的一些看法：本土化案例的受欢迎程度要优于国外案例，教师角色转换极大影响案例教学的效果，教学核心问题的探讨需基于情景模拟与角色扮演的教学方式（邓新明等，2015）。

李征博等（2018）对全国专业学位研究生授课教师进行问卷调查后发现：调查的 100 多所培养单位中，近 80% 的高校未将案例教学成果认定为科研成果。由此可见，当前高校普遍重视科研激励导向，这种现状无疑将阻碍案例教学的开发，探索符合我国国情的案例教学运作模式也变得极为重要。芈凌云等（2018）以上课学生为调查对象，以量表的形式对案例教学质量展开评价性研究后发现：教师点评是直接影响学员对案例教学效果评价的最主要因素。从"有一定案例教学经验的 MBA 学员多数认为'教师点评'具有重要性"的调查结果来看，学生对案例教学教师的认知停留在"评论员"角色，又或是教师在教学过程中并没有做好由"评论员"角色向"发现者"角色的转换。

由这些研究成果可以看出，我国许多案例教学研究过于关注案例教学的具体教学步骤，忽视对案例本身内涵与特征的考量，这种现象会造成教学案例的本土化缺失。如果教学案例本身内涵不够深刻，案例教学就会缺乏持久性，从而导致教学效果不佳。教学案例的编制是案例教学的基础与关键，教学案例既与教学过程密切相关，又对教学效果产生影响。

4. 案例教学的模式开发

案例教学模式的探讨始终绕不开"问题"与"情境"这样的词。由于文化与教育理念之间的差异，各个国家形成了独具特色的案例教学模式，如"个案教学模式""实例研习教学模式""个案全过程案例教学模式""探讨式案例教学模式""多元案例教学模式""即时型案例教学模式""和谐式案例教学模式"等（顾建平，2007；曹兴权，2009；郭文臣，2010；王泽鉴，2013；章志远，2013；褚艳宁，2014；赵航，2015）。摆脱了"讲授－接受"式传统教学模式的新型案例教学模式，其被引入教育教学势在必行，但在实践过程中需对模式的理论基础、教学目标、实施程序、教学策略等多个方面加以斟酌。由于每门学科都有各自的学科特征，案例教学在各个学科中扮演的角色轻重体现在案例教学模式的不同。

从法学方面来看，传统案例教学模式注重单一化的案例教学。以行政法的案例教学为例，有学者从课程设计、案例选取、分析方法、教学手段等四个方面对以往单一案例教学模式进行分析，提出在这四个方面进行突破性探索（章志远，2013）。应围绕案例教学本身进行课程设计，而不是围绕具体课程进行设计，这样既可以体现案例素材选取的多样性，减少课程内容之间的阻隔，又可以在分析方法与教学手段上展现变化的多样性。这种课程设计的突破，其实是对案例教学内涵的突破，这里案例教学不再局限于一种具体的方法，而是一种完整的体系。

从商学院方面来看，哈佛大学商学院的案例教学模式是我国学者研究的重要对象。哈佛大学商学院案例教学运作模式基本围绕培训、使用、开发和评价四个环节展开，而哈佛大学商学院在教师晋升时对教学、科研、实践三者并重的考察方式，是其案例教学运作系统中各个环节相互配合的前提（李征博等，2018）。在硕士培养层面，哈佛大学商学院的 MBA 培养方式同样有许多可取之处，其案例教学模式以参与者为中心，这里的参与者多数指学生，也可以指案例事件中的参与者或是期望解决案例本身问题的旁观者。同时 MBA 课程实现案例教学全覆盖，所有的课程都采用了案例教学的模式。哈佛大学商学院案例教学的目标层次可分为专业知识、专业技能与专业伦理。就案例选取来看，案例来源需真实且内容丰富；就课堂设计来看，需围绕案例真实情境构建以问题解决为导向的案例教学目标；就课堂评价来看，发言频率与发言质量可以反映课堂教学的效果，需要在结合两者的情况下做出结论性评价（宋耘，2018）。哈佛大学商学院案例教学模式有很多优点，但在借鉴时也不能完全照搬，案例教学往往需要学生付出较多的探讨时间与准备时间，这一点在我国很难完全实现。因此在进行案例教学时，适当加大教师在案例教学过程中对教学内容的总结是极为必要的。不难发现，哈佛大学商学院研究生培养中的案例教学模式，既需要外部不同系统间的相互配合，也需要关注局部培养过程中诸如专业知识、技能等方面的教学目标。正是得益于对系统与局部的全面把握，哈佛大学商学院的案例教学模式取得了良好效果，这些成功的经验都是值得学习的地方。

从培养对象来看，美国以律师为主，而德国以法官为主。因此，案例教学模式出现了"个案教学法"与"实例研习"等多种形式。近些年来，我国逐渐加强对理论联系实践的关注，尤其是在培养过程中突出实践性，这种培养体制上的导向也使我国法学界逐渐形成了"个案全过程案例教学"模式（王泽鉴，2013）。这种教学模式在课程设置上涵盖了角色扮演、小班化教学、模拟训练等活动，通过课程学习让学生获得实务技能与理论上的收获。探讨式案例教学模式包括基于理论与情境构建的情境模型和问题链，这种教学模式以问题链为中心，包含理论构建与理论检验的过程（赵航，2015）。其中理论构建主要对应"情境化－去情境化"的过程，理论检验主要对应"去情境化－再情境化"的过程，这种过程不仅能检验之前构建的理论，还能提升学生将抽象理论应用于现实情境的能力。同时，"去情境化"的过程也不可忽视，现实中案例教学的使用误区就在于缺少了前一过程而直接使用了"再情境化"的过程，以至于问题链的探讨被弱化，或直接被压缩在"再情境化"过程之中。同时，也有学者关注本土化的案例教学模式，西南政法大学商法学教学团队坚持案例教学选材适宜，在课堂教学方面十分关注过程要素（曹兴权，2009）。在案例教学材料的选取标准上，需要从典型性向代表性转变；在组织实施案例教学时，需从由案例佐证理论变为从案例教学与研究中抽象出理论；在案例教学课堂上，需展现立体化的课程形式。其中前两部分是案例教学模式开展的基础条件，最后一部分是案例教学实施环节的关键。这种立体化的课堂应包含案例研习、案例模拟实验、案例分析报告写作等多种教学组织形式。

5. 小结

我国早期案例教学研究多集中在案例教学开展现状、困境及对策方面的探讨，也有部分文献提及了案例教学评价的问题，但多数研究仅停留在理论层面，即对不同案例教学模式、国内外案例教学等进行机械比较，未对案例教学本身进行实践研究，借鉴经验教学进行的学科行动教学与行动研究并不多见。此外，案例教学的效果问题在当时未受关注，而教学效果恰恰是案例教学得以推广的关键。近期，有关案例教学评价的研究成果有所增多，但研究内容基本围绕评价是否到位的现状调查展开，而针对评价指标构建、案例教学效果追踪等方面的研究并不多见。虽然国内一些学者尝试构建各自学科的案例教学评价标准，但在研究方法上基本使用主观构建获得评价指标，采用特尔菲法对评价指标进行遴选。这些研究的不足之处在于：一方面，指标选取没有来源于实践（扎根理论）；另一方面，没有突破特尔菲法（BP 神经网络分析法）的限制。虽然案例教学效果评价一直是国际上公认的难点，但通过分析国外的研究成果不难发现，过程性评价一直是国外案例教学效果评价的主要手段。围绕过程性评价，形成了一些课堂观测量表，但目前尚未出现与之相结合的课堂观测量表研究成果，有关过程性评价的研究更是少见。

（二）有关专业学位研究生案例教学的研究

专业学位是随着现代科技与社会的快速发展，针对社会特定职业领域的需要，为培养具有较强专业能力和职业素养、能够创造性地从事实际工作的高层次应用型专门人才而设置的一种学位类型（曹洁等，2015）。因此，从这样的概念界定来看，作为一种特殊的学位类型，专业学位研究生在培养模式上必定与另一种学位类型有所差别，这种差别本身也揭示了专业学位研究生相对独特且独立的培养模式，这一点也能从国家发布的相关政策文件中得到验证。

就目前关于专业学位研究生培养的案例教学研究现状来看，我国学者主要围绕各自的学科（工商管理、图书情报、教师教育、法学等）探讨案例教学在课堂中的具体应用形式（武亚军等，2010；刘志迎等，2017；鄢嫦等，2018；邓新明等，2015；刘录护等，2015），或者以案例教学为实验对象，对案例教学效果进行评价（刘刚，2008；孙伟等，2015；刘培军，2013）。这些研究成果为案例教学模式在我国的开展发挥了积极的推动作用，但在实践过程中，案例研究始终未能发挥应有的作用，追根溯源是我国尚未形成特有的案例教学模式。

为了探索案例教学在专业学位研究生培养中的开展情况，一些学者创造性地提出了"四位一体"教育硕士案例教学模式（李玉栋，2017）。已有文献多围绕"案例教学"一个方面论述案例教学模式，将主要教学过程机械隔离，孤立了案例教学的前后衔接，不能从全局的角度来观察案例教学模式的价值缺陷。此外，案例教学模式的教学效果评价需要由注重结果性评价转向关注过程性评价，由定量评价转向定性与定量相结合，其中定性评价需要围绕案例教学过程中师生互动、学生案例设计、团队合作等多种评价形式展开。鄢嫦等（2018）提出案例教学库建设的策略，围绕"课程导向"与"来源实际"两个基本原则，将案例库作为一个系统工程，国家案例教学中心、培养机构、实务机构等多方面协调合作。张学敏等（2016）将案例教学视为专业学位研究生教育理论与教育实践之间的桥梁。案例教学的实操过程离不开机制创新，这也是案例教学在研究生培养中得以合理运用的关键。在教学目标上注重实践取向，在教学情境上注重实践体验，在教学内容上注重实践转化，在教学效果上注重实践迁移。

然而，冯永刚（2015）提出，案例教学在硕士研究生培养中的应用并不能一蹴而就，案例教学的语言、时间、空间三个向度是硕士研究生案例教学不能忽略、也不可丢失的方向。这三个向度中，空间向度较为关键，人与人之间思想的交互需要丰富的空间。王淑娟等（2014）认为，案例教学的课后评估不可忽视，但如何评价，却较多依赖评价者的主观看法。通过教学实验发现，研究生提供案例分析报告能够便于教师分析学生知识与能力构建的过程，这种分析报告不仅包括课时终结时的报告，还包括案例教学过程中的一些阶段性报告。这些报告虽在无形中推动了研究生知识与能力的再构建，但也消耗了教师一定的时间成本。

国外的很多高校将案例教学与本学科或本校的研究生培养相结合,从教学理念、教学设计、具体实施三个方面进行创新。如有些学校提出"超越课堂"的教学理念,他们希望学生进行田野调查、自我学习,在走进"田野"的过程中,慢慢构建自我对学科、知识的理解,再与当前的教学理论知识相对比,注重理论知识与实践经验的结合。将实践主体或案例中的主要人物请到教学现场也是一种常用的方式。针对课堂中的案例,现场补充"突发"材料,增加案例材料反思的难度,让学生体验真实案例场景,促使其再次反思。同时,案例人物的一些决策和行为本身也具有示范效应,能够促使学生对已有认知进行重构,形成新的认知,即一种元认知方面的培养(Houde,2007)。这些学校都注重将案例教学融入教学总体设计,案例教学既充当一种衔接角色,也充当一种教学全过程的观测与考察点,是联系教学、调查、研究、实践的桥梁。在具体教学实施中,教师常常让学生自主设定目标,通过教学的推进以及与教师的商讨来不断完成或修改目标,在此期间,案例报告是学生的主要陈述与检验形式。此外,作为一种基于情境构建的案例教学,情境化评估是检验案例教学效果的有效方式。国外实践研究发现,学生在学习过程中,对案例具体问题的解决本身也是教学效果的体现。因此,部分学者主张无须效仿常规的教学测试,而应采用基于教学过程的过程评价(Merrill,1991;Duffy,1992)。

综上所述,专业学位研究生培养过程中理论与实践脱节的现象虽早有定论,但当前大多数研究成果依旧集中于陈述案例教学的必要性上。有些研究尝试以培养模式为切入视角,探讨案例教学对教师教学能力和学生实践能力方面的提升,但培养模式的构建未能紧紧围绕案例教学的核心要义;有些研究在实证阶段使用的教学方式与传统教学类似,课程中的问题意识不强,教学案例的情境环境过于清晰,案例无叙事结构,等等。借助国外丰富的研究与实践成果,我国探究案例教学的学科也与国外情况类似,但这些学科的研究成果集中在课程教学的探讨方面,而国外相关研究基本围绕案例教学与周边"环境"之间的关系展开,包括案例教学与个人、制度、共同体、知识形态等因素之间的关系。国内研究注重评价标准的构建,主要运用教学实验,更看重形成性评价,而国外研究注重案例教学的行动研究,更看重过程性评价。此外,当前的教学实验研究多借鉴国外案例，自主开发的案例并不多见，这是由于教学案例开发需要基于个案研究，而个案研究往往不具有普适性，且耗时较长。因此，直到近期相关研究范式才逐渐在我国得到关注。综合来看，将案例教学运用于专业学位研究生培养，符合立论逻辑。但研究方式需要有所调整，案例教学、案例研究基于人文社会科学的研究范式，注重意义诠释，因此选择合适的研究范式并付诸行动是当前亟须思考与解决的问题。

（三）有关体育硕士专业学位研究生案例教学的研究

1. 体育硕士的培养

从现有的文献中不难发现，我国体育硕士培养问题研究基本包含培养目标、课程设置、培养模式、导师队伍、学位论文、招生办法、毕业质量控制等几个方面。从整体现状来看，体育硕士培养问题与专业学位总体问题类似，基本难逃"四化问题"（地位低矮化、招生盈利化、培养学术化、管理边缘化）。而从整体研究成果来看，我国体育硕士培养问题集中在以下几个方面：对专业学位的认识不足，培养目标模糊化，课程设置理论化，教学方式以理论知识灌输为主，实践教学环节薄弱，联合培养流于形式，具有专业特点的学位论文推行困难，教师队伍体系单一，教师认知传统，培养单位亟须进行新定位，培养质量需要新的保障体系（方千华等，2018；胡斌，2017；郭艳红，2017；叶松东等，2017；方千华等，2014）。

早在体育硕士展开招生之前，冯永刚（2015）已经提出了建立专业学位可能会面临学位定位、培养的重复性、培养方案的可行性等问题，到目前为止依然不可忽视。不少学者在借鉴美国、英国、日本等国家体育硕士培养经验的基础上，从师资队伍与产学研建设方面为我国体育硕士的培养提供对策。例如：日本构建的"双师型"教师队伍有助于提升体育硕士的实践能力；英国的 KTP 产学研计划为体育硕士培养基地提供第三方评估；美国专门设立了有关体育硕士的实习计划，并提供相应的资金支持；等等。除了借鉴国外经验，不少学者也在探索国内体育硕士培养的实践方法。胡斌（2017）以北京体育大学为例，介绍了学校在体育硕士培养中所做的探索性工作，凸显了培养方案的特色。例如：外聘实务专家，运用案例教学的形式来加强实践教学；依托校外资源建设实习基地；因材施教，围绕授课对象（冠军班）做出课程体系与教学组织上的调整；等等。这些举措分别从专硕报名人数增加、学生实践能力提升、学位论文凸显解决实际问题的功能、用人单位反馈良好等路径验证了其综合改革的成效。

事实上，在 60 多年的发展历程中，体育学研究生培养模式不断变革。方千华等（2018）认为，由于历史原因，我国体育学研究生人才培养以体育师资为主，而且不同学科专业间的课程体系、评价机制和培养模式都存在一定的趋同性和单一性。徐建华等（2015）借鉴国外体育硕士培养模式经验，提出我国应构建并完善大学体育竞赛体系。李鸿江等（2010）对比了中英两国的培养模式，认为英国的培养模式更加多样化，科研问题紧紧围绕现实中的实际问题，以社会需求为导向。总体来说，开展体育硕士培养模式，需要对体育硕士培养质量进行评价，重点是制定体育硕士教育服务质量评价指标（王健等，2011；王健等，2012；许文鑫等，2014）。课程设置在体育硕士培养中的重要地位也不可忽视。国内学者对课程设置的研究主要围绕公共课、专业领域核心课、选修课、教学实践课等几个方面展开，课程建设中突出"实践性"是应对课程问题的普遍思路。

李传兵等（2014）对全国 38 所全日制体育硕士专业学位研究生培养单位的课程设置进行调查后发现，课程设置理论化、课程内容陈旧、选修课程广度不够、实践课程流于形式等是目前课程设置的主要问题。李传兵等在对三种实践课程的实践模式（叠加模式、平行模式、交叉模式）进行分析后，提出校内 - 校外可以实行平行 - 叠加或交叉 - 叠加两种不同的模式，将体育硕士的专业实践落到实处。李卫东等（2014）选取了国内具有代表性的 10 所高校的全日制体育硕士培养方案作为研究对象，发现课程实践性不强源于我国专业型教师队伍建设滞后，大多数教师以学术性科研为主，课程教学难免沿用传统学术思路。但其针对课程设置的改革对策中，仅将理论类课程与实践类课程的比例做出调整，提高了实践类课程的比重。在实践类课程体系建设的设想中，实践导向是我国体育硕士专业学位研究生教育的发展方向。由于"职业资格培训与认证"是各行业专业考核的新趋势，在实践教学内容体系中，除校内实践教学、校外实践训练，还需要加入"职业资格培训与认证"。一方面，可以通过必修学分的形式将其融入课程教学体系，另一方面，在培训过程中与校外实体进行互动合作，再以双方认可的方式对培训对象的专业性进行考查与证明，从而为实践教学体系的良好运行提供保障。

2. 体育硕士的案例教学

体育专业学位研究生教育指导委员会早已确定案例教学在专业学位研究生教育中的重要性，并认为其将成为体育硕士培养质量的重要保障。同时也有研究表明，案例教学是国外大学培养应用型体育硕士人才的重要手段。徐建华等（2015）在对美国 20 所招收专业学位体育硕士大学的培养模式进行研究后发现，聘请该领域具有丰富实践经验的教师，是这些学校增强师资力量的重要方式。而这些实践经验丰富的教师主要以极具实战意义的体育案例为教学蓝本，通过案例教学的形式来扩大学生的专业视野。事实上，美国体育专业学位研究生培养的课程设置突出实践能力，为体育教育专业硕士研究生开设了教育类、专业理论类与实践类共计 65 学分的课程。案例教学也是美国培养体育硕士的重要教学手段，一般从案例教学的理论教学与实践教学两方面入手：在理论教学方面，主要使用同一个案例来满足运动生理、运动理论、体育教育、体育文化等多学科的需求；在实践教学方面，主要以实习基地为中心，通过既定的教学计划进行轮岗实习，来达到教学效果。郭艳红等（2015）在分析和借鉴了 PCK 理论后，提出"改善教学方式，强化教学情境互动"的创新培养路径，认为对专业硕士实行案例教学是实现教学方式改革的前提，并使用"PCK = 案例 + 交流 + 实践 + 反思"这样的等式来反映案例教学的基础作用。同时，郭艳红（2017）基于 PCK 理论，考察了当前体育硕士培养的问题，认为案例教学不足是限制体育硕士理解 PCK 的重要原因之一。案例教学作为优化教学方式的一种手段，其情境性、生活性、问题性都与实践或真实场景类似。案例教学能够改善传统讲授法中理论与实践脱节的现象，因此推进案例教学，使体育硕士学会用理论解决现实中存在的教学实践问题变得极为重要。

综上所述，从研究内容来看，当前的研究围绕我国体育硕士专业学位研究生培养问题展开，主要以"培养过程"的要素为依托进行论述。大部分研究成果都有揭示培养问题的部分，但论述内容较为趋同，很难有新的观点出现。这进一步说明，首先，当前体育硕士专业学位研究生培养的问题依然是一些未待改变的陈旧问题；其次，现有的研究成果或主流的解决方法并没有起到很好的效果。

从研究形式来看，培养质量是研究的主要关注点，也是现实情况下的主要培养目标。围绕培养质量而细化的研究主要有培养模式的研究、课程改革两个方面，而课程设置研究本身又与培养模式研究有很大的重合性。这种研究形式与状态，使当前的研究内容有很多类似之处。从研究方法来看，关于现状调查、比较研究、逻辑分析的研究较为多见，实验类研究、行动研究较少。研究成果多以定量研究为主，而围绕质性研究形成的案例研究并不多见，运用混合研究法的更是少见。

通过上述分析发现，围绕案例教学对我国体育硕士专业学位研究生培养进行的研究较少，很多文献仅将案例教学视为一种方法或手段，还有一些文献不能很好地揭示教学案例的获取过程以及展现相关实例成果，这无疑限制了案例教学研究的边界，是体育学相关学者对案例教学认识不足的一种表现。自 2005 年我国设立体育硕士专业学位以来，我国体育学科学位类型单一的现状虽然有所改变，体育教育事业获得快速发展，但目前的培养现状与培养高水平应用型人才的目标之间却存在错位现象，这种现象既是对整个高等教育的映射，也是体育硕士培养的真实写照，因此推进理论与实践相联系的培养模式势在必行。但如何在专业学位培养中体现"实践性"？又或者说，培养学生的实践性究竟如何来教？现有的研究很难讲得明白。案例教学在其他学科的应用研究中逐渐增多，我们需要考虑的是：案例教学是解决体育硕士专业学位研究生培养过程中理论与实践脱节的有效路径吗？案例教学与体育硕士培养的契合点又在哪里？这些亟待研究的领域在我国还是一片空白。

四 研究对象与方法

（一）研究对象

本书的研究对象是体育硕士专业学位研究生培养中的案例教学。由于需要采用行动研究法进行案例教学的反思及案例教学的实施效果评价，且第二轮行动研究基于体育教学领域，本书的行动研究对象分类如下。

第一轮行动研究中，T 校 2017 级与 2018 级体育硕士专业学位研究生进行了组合。第一阶段属于案例教学的探索阶段，故使用中国专业学位案例中心体育案例库中的相关教学案例进行教学。第二轮行动研究分为两个部分。第一部分的研究对象是实际工作场域中的中小学体育教师，他们分别是 L 老师、W 老师、Z 老师、J 老师、D 老师、T 老师、H1 老师、X 老师、Y 老师和 H2 老师。这些教师是体育案例的采编对象，因此需要对他们进行访谈、工作资料收集及相关教学观察，生成体育教学领域的教学案例。第二部分的研究对象是本轮体育硕士案例教学行动研究的授课对象，即 T 校 2019 级体育教学领域专业学位研究生。此阶段授课使用针对体育师资培养的自编教学案例，核心课程为"体育教材教法"。

选择 T 校 2019 级体育教学领域专业学位研究生作为行动研究对象的原因在于：（1）体育硕士案例教学模式构建需要借鉴其他学科的案例教学经验，而案例教学也需要一定时间的规划，故其行动时间略微滞后。（2）T 校专业学位研究生教学计划安排中，核心课程多集中于第一学年的第一学期，故选择即将入学的研究生能够不干扰正常的教学计划。（3）体育教学是体育硕士培养的重要领域，相比其他三个领域，体育教学是众多招收体育硕士的学校中开设最多的课程。（4）由于案例教学本身对教师的实践经验有一定的要求，开设案例教学课程的教师若无对应岗位的实践经验，无法深刻理解案例本身的内涵，进而导致教学的情境营造不够、两难问题的揭示不具备探索性、补充环境无影响效果等。T 校体育教学领域教授"体育教材教法"核心课程的教师 L，既具有 5 年的中学教学经验，也具有博士研究生学习的经历，研究方向为体育教学理论与实践。

（二）研究方法

1. 行动研究法

行动研究作为社会科学领域的研究方法，是一种将研究者与实践者的智慧和能力相结合以解决实际问题的方法。本书主要采用行动研究中典型的"计划—行动—观察—反思"方式，参照螺旋式上升的发展过程进行三轮行动研究（图 0-1）。通过这三轮行动研究，试图对本书构建的"我国体育硕士专业学位研究生案例教学模式"进行修正与确认，并探索案例教学对体育硕士产生的教学效果。整个行动研究围绕案例教学的基本过程展开，在"计划"环节，对行动前的"问题"进行整理并提出相应"假设"，依据两者制定行动计划。"计划"需重点明确教学案例的采编与选取、案例教学的目标、案例教学关键时间节点的情境布置；在"行动"环节，需要明确本课程案例教学的内容框架与实施方法；在"观察"与"反思"阶段对教学效果进行观察，这两个阶段既需要阶段性的观察与反思，也需要终结性的观察与反思，其目的在于不断修正当前的案例教学模式。同时，从整个案例教学过程来看，"观察"与"反思"两个阶段既需要对课堂教学观察、师生访谈、学生的案例陈述与案例汇报等资料进行定性分析，也需要结合量表对案例教学效果进行评价。

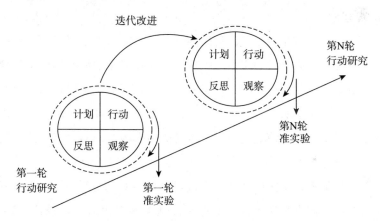

图0-1　体育硕士专业学位研究生案例教学行动研究方式

2. 问卷调查法

本研究主要采用问卷调查法对我国体育硕士专业学位研究生案例教学的开展现状及实证部分案例教学的应用效果测试两个方面进行资料获取。实证部分案例教学的应用效果测试主要集中于案例教学对体育硕士专业学位研究生心智发展层面、技能发展层面和态度层面的影响。这一部分的问卷涵盖案例教学的学习效果评价、案例教学的教学案例评价（采编时使用与课程中使用两个版本）、案例教学的课程兴趣评价等内容。其中学习效果评价涵盖思考的品质、表达思考品质的能力、研究能力、人际能力、个人眼界、信念与价值、自我评价等多个维度。初采编时的量表在行动研究第二轮使用，其余量表均在行动研究第一轮与第二轮使用，其中，学习效果评价量表在每次的教学行动中进行前后测。

3. 访谈法

本研究的访谈法主要运用于以下两个方面：第一，对其他学科中使用过案例教学的教师及专家进行访谈，分析不同学科硕士研究生培养中案例教学使用的共性与差异，为我国体育硕士专业学位研究生案例教学的模式构建与行动实施提供参考依据；第二，将访谈法与行动研究过程的"观察"与"反思"阶段相结合，在每节课程、阶段性课程、最终课程等不同阶段进行访谈，既要了解教师对案例教学的评价，也要收集学生对案例教学的收获、感想、建议等，并对资料进行汇总，以修正不同阶段的案例教学模式，探索体育硕士专业学位研究生的能力提升途径。

4. 观察法

观察是人们日常生活中广泛运用的一种活动方式，本研究的观察法应用于以下三个方面。第一，采用参与观察，考察我国跨学科案例教学的课堂实施，为体育硕士案例教学组织提供实例支持。观察对象主要包括师范类或综合类大学的管理学、法学、教育学等部分核心课程的授课过程；观察内容主要包括案例教学的课堂情境组织、教学案例导入的时间与时机、两难问题的设置、课堂分组探讨的分配、案例教学的测评等几个方面。第二，采用结构式观察，围绕体育硕士案例教学行为过程所要观察的范畴（M. Adam 案例教学学生行为描述问卷与体育硕士专业学位基本要求相结合）设计观察方案，为互动行为过程分析提供依据。第三，采用认知网络框架与 SOLO 案例学习理解水平评价框架，对案例教学视频进行观察与分析，结合网络在线建模平台 ENA Webkit，对教学视频进行分析编码，按照认知网络框架与 SOLO 案例学习理解水平评价框架的内容来判断学生的学习质量，标记学生回答案例问题的理解水平与思维结构，建立二进制表格，导入 ENA，得出学生的认知网络特征。

5. 比较研究法

基于国外经常应用案例教学的学科，本书选取了管理学、法学和教育学三门学科进行分析，同时，每个学科内的分析还涉及国内外比较分析。例如在管理学方面，主要选取美国哈佛大学案例教学模式与加拿大西安大略大学案例教学模式进行描述性分析，并与我国工商管理硕士案例教学模式进行对比分析。此外，不同学科的案例教学模式比较涉及教学案例的分析，本书主要以文本资料为比较对象，以中国专业学位案例中心为依托，下载不同学科硕士研究生培养的教学案例，同时兼顾相关学科案例汇编书籍中的案例，对管理学、法学及教育学教学案例的素材特征、应用领域、相应的教学计划、案例使用说明、补充材料的特点等多个方面进行重点分析，比较彼此之间的共性与差异。

6. 文献资料法

通过图书馆、论文检索网站，对案例教学、硕士研究生培养、体育硕士研究生培养等相关文献进行梳理，了解上述领域研究前沿与研究现状。通过对国内外案例教学网站〔中国专业学位案例中心、中国管理案例共享中心、美国国家科学案例教学中心（National Center for Case Study Teaching in Science，NCCSTS）、世界案例教学研究与应用协会（WACRA）、教学创新中心（CITL）等〕中的文件资料进行分析，探索教学案例采编、案例研究、案例教学内容及教学对象选择等，为开展体育学科案例教学研究奠定基础。

五 研究数据的收集

本书主要通过以下几种方式进行数据收集：案例教学学生学习行为评价量表、案例教学教学案例评价量表（课程中使用）、采编体育案例评价量表（采编时使用）、案例教学课程兴趣量表、案例教学效果访谈大纲、课堂观察笔记与视频录像、学生的案例学习反思等（见表 0 - 1）。

表 0 - 1 研究过程中数据收集的主要方式

研究阶段		收集目的	数据收集的方式
行动研究	第一轮行动研究	案例教学的成效	1. SOLO 案例学习理解水平评价框架（通过 ENA 分析软件，结合课堂观察分析） 2. 案例教学效果访谈大纲
	第二轮行动研究	采编的体育案例	采编体育案例评价量表
		案例教学的成效	1. 案例教学学生学习行为评价量表 2. 体育案例教学课程兴趣与案例评价量表 3. 案例教学对体育硕士认知网络及 PCK 网络影响的评价量表（通过 ENA 分析软件，结合课堂观察分析）
现状调查		我国体育硕士案例教学的认知与实施现状	我国体育硕士专业学位研究生案例教学现状调查问卷

由于行动研究是本书实证研究的主要部分,对行动研究过程的资料收集分为以下几步:第一轮行动研究中,以量表形式分析体育硕士案例学习的理解程度与深度,并对案例教学成效进行定量评价;第二轮行动研究中,以量表的形式对采编案例的评价进行资料收集。此外,以量表的形式收集对案例材料的评价,以量表、访谈及视频观察的形式对案例教学成效进行资料收集,通过 ENA 认知网络分析工具对教学录像视频进行分析。

(一) 案例教学对体育硕士认知网络影响的编码依据

通过案例教学能够培养体育硕士像对应工作领域的人一样思考,这一假设需要在本书中得到证明。为了有效捕捉案例教学对体育硕士的影响,本书在第二轮行动研究中,以"体育教师教育"为主题,进行了案例编写和教学实施,参考认知网络框架的五个维度——技能(Skill)、知识(Knowledge)、身份(Identity)、价值(Value)以及认识论(Epistemology),结合 ENA 认知网络分析软件,对案例教学后体育硕士形成的认知网络结构进行展现,并将其与体育教师专家组的结果进行对比。由于五个维度包含"知识"维度,且有关知识维度的描述较为模糊,本书引入 PCK 的知识分类,形成不同组别认知网络结构及 PCK 网络结构的分析要素(见表 0 - 2)。

其中,"技能"表示在认知活动中学习者完成任务的能力,这种能力可以具化为:学习者拥有通过口头或书面进行清晰表达与沟通的能力;学习者能够收集、组织、分析信息;学习者有批判思考的能力,并且可以基于不同的立场进行验证;学习者可以从他人的角度看待问题等。"知识"表示学习者在认知活动过程中分享的针对问题、任务等的理解与看法。具体包括对相关政策、机构等的了解,对活动社区具体运行规则的掌握,对当前认知活动过程中面临的困难的理解,对活动多样性的理解等。"身份"表示实践社区中成员对于自身的看法,即在进行认知活动的过程中,通过施展技能、实施决策等行为,学习者找到并在社区活动过程中展现自己的身份定位。"价值"表示认知活动中参与成员所持有的信念,可用于指导、驱动学习者在实践社区中使用技能与知识。"认识论"表示在活动社区中学习者能够清楚认识相应行为或言论的特征及属性,并能提供相应证据来证明其合理性。

表 0 - 2 体育硕士认知网络分析的基本架构

框架	分析要素（编码标识）	定义
技能 （Skill）	表达与分析的能力（S/EA）	能使用语言或文字清楚表达自己的观点
	收集资料的能力（S/C）	能搜集与组织资料、正确地记录资料
知识 （Knowledge）	学科教学定位知识（K/OT）	体育教学目标与基本决策
	课程知识（K/C）	体育课程媒介（情境或材料）、课程内容及学科内容知识
	有关学生理解的知识（K/SU）	理解学生体育学习需要与困难的多样性等
	评价学习的知识（K/A）	体育评价的维度（体能、技能、团队表现等）与评价的方法（经验、工具、理论等）
	教学策略知识（K/IR）	特定的体育学科策略（比赛、竞技、技能展现）与体育类主题策略
身份 （Identity）	案例中人物的 身份地位（I/S）	学习者能找到案例中主人公所展现出的身份定位
价值 （Value）	信念与价值的 展现（V/B）	表达出追求问题解答的信念或在案例回答时展现自身价值
认识论 （Epistemology）	提供言语或观点的 证据（E/P）	能清楚地认识到案例中有些行为或观点的"特征""属性"，并证明其合理性

（二）案例教学学生学习行为评价量表

对学生在案例教学中行为的调查有助于了解案例教学的成效，本书所采用的调查工具主要是由 M. Adam 编制的"学生行为描述问卷"（The Profiles of Student Behavior），该问卷是案例教学效果的测量工具。量表的一级指标分为心智发展层面、技能发展层面及态度层面三个部分，其中态度层面主要借鉴了 Wassermann（1994）对态度的内涵界定，即个人眼界、信念与价值和自我评价。为了使量表适合本研究的授课群体，对量表进行了适当修改，最终确定了量表的构成内容（见表 0 - 3）。正式问卷以量表形式呈现，由 21 个问题组成，其中"思考的品质"8 个、"表达思考品质的能力"2 个、"研究能力"3 个、"人际能力"2 个、"个人眼界"3 个、"信念与价值"1 个、"自我评价"2 个。除被测试者的个人信息选项，其他测试问题均采用 Likert 5 级量表计分，从"非常同意"到"非常不同意"分别标记"5~1"分。问卷以纸质或电子版的形式发放，进行现场实测。

表 0 - 3　案例教学学生学习行为评价量表的内容构成

一级指标	二级指标	具体测量项目
心智发展层面	思考的品质	1. 能了解案例表达的主要观念 2. 能包容课堂上别人提出的观点 3. 能区分建议、假设、事实之间的区别 4. 能容忍与自己观念对立的案例材料 5. 能举出例证来支撑自己的观点 6. 能结合所学理论对案例材料做出明确的解释 7. 能在案例学习过程中产生创新甚至创造方案的能力 8. 能逐渐养成善于思考的习惯与判断
技能发展层面	表达思考品质的能力	1. 能使用文字清楚表达自己的观点 2. 能使用语言清楚表达自己的观点
	研究能力	1. 能具备搜集与组织资料的能力 2. 能具备正确记录资料的能力 3. 能具备熟练运用理论工具的能力
	人际能力	1. 能注意到别人的观点 2. 能协助并促进小组间的学习与讨论
态度层面	个人眼界	1. 能保持正面的看法，不偏执 2. 能容忍别人含糊不清的表达 3. 能从宏观的角度看待案例中的问题
	信念与价值	能透过行为表现出追求问题解答的信念
	自我评价	1. 能以开放的态度进行自我评价 2. 有自我评价的能力

（三）案例教学课程及教学案例评价量表

为全面把握体育硕士在学习过程中对教学案例的评价情况，本研究通过问卷的形式进行感知评价。问卷涉及对教学案例与课程的评价两个部分，其中教学案例的评价量表与案例采编后的评价量表有所区别，后者主要结合中国专业学位案例中心的入库标准进行编制，而教学案例的评价量表主要是案例教学过程中学生对教材的感知评价。本书分别设计了教学案例与课程评价量表，并对它们进行了信度与效度检验。两个量表的内容均可分为引起注意、信心、相关性与满足感四个方面，为了直观体现两个量表所包含的内容、各内容与四大评价项目之间的关系以及内容的特征，本书对教学案例与课程评价量表的内容构成进行了罗列（见表 0 - 4）。在实际测试时，会将这些内容打乱顺序，反选题不做特殊标记，所有测试问题均采用 Likert 5 级量表计分，从"非常同意"到"非常不同意"分别标记"5～1"分，反选题则按"1～5"分标记。

表 0 - 4　教学案例与课程评价量表的内容构成

项目	教学案例评价内容构成	课程评价内容构成
引起注意	1. 在课程开始时，有些令我感兴趣的部分引起我的注意 2. 这些案例文本是很生活化的 3. 案例写作的品质能帮助我集中注意力 4. 这项课程过于抽象，以至我很难保持注意力 * 5. 这项课程的案例文本很枯燥乏味 * 6. 案例文本的内容符合我的兴趣 7. 这项课程能引起我的好奇心 8. 这项课程中重复的部分有时让我感到厌烦 * 9. 我能从课程中学到一些意料之外的知识 10. 案例文章、测验等方式能帮我保持对课程的注意力 11. 案例文本写作的风格让我感觉厌烦 * 12. 案例文本中的文字过多，以至于让我觉得烦躁 *	1. 教师知道如何做才能引起我们的兴趣 2. 这门课几乎无法吸引我的注意 * 3. 教师能协助我形成知识概念 4. 其他学生似乎对课程内容感到好奇 5. 教师做了一些很有趣又令人意外的事情 6. 教师使用了很多有趣的教学技巧 7. 上课时我常常做白日梦 * 8. 课程中解决与回答问题能引起我的好奇心
信心	1. 要理解这份案例文本的内容比我想象中困难 * 2. 我认为读完案例简介后能从中学到什么 3. 案例文本中有些内容很难与已知的知识连接起来 * 4. 当我进行这项课程时觉得有信心学会其中的内容 5. 案例后的讨论难度太大 * 6. 当我短暂学习这项课程后，已有信心能学得很好 7. 我不能真正彻底了解案例文本的内容 *	1. 我有信心将这门课学好 2. 我能否完成这项课程取决于我自己 3. 这项课程内容对我来说太难 * 4. 我很难预料到教师将对我的作业评定怎样的成绩 * 5. 我相信只要努力就能完成这项课程 6. 我能为这门课程定出恰当的目标 7. 我认为所做的努力能得到足够的回馈
相关性	1. 我很清楚地知道如何将案例文本的内容与已知的知识连接起来 2. 教材中有故事、例子让我了解它所强调的重点 3. 成功地完成课程对我来说很重要 4. 这份案例文本的内容符合我的兴趣	1. 在课程中所学的知识对我有益 2. 教师能够强调课程的重点 3. 我认为这项课程内容与我过去所学相关 4. 在这项课程中我尝试去设定较高的标准并达成目标 5. 这项课程内容与我的预期和目标有关

续表

项目	教学案例评价内容构成	课程评价内容构成
相关性	5. 课程中有该如何运用知识的说明 6. 案例写作内容与风格表达出的知识值得去了解 7. 我已了解大部分内容，这项课程无法满足我的需求* 8. 我能描述案例内容并自我反思 9. 课程的内容对我有帮助	6. 学生会主动地参与这项课程 7. 为达成自我目标，我在这项课程中表现优良很重要 8. 我很清楚地知道这项课程能带给我个人什么益处
满足感	1. 与同学讨论完案例带给我成就感 2. 我喜欢这项课程并希望从中获得知识 3. 我真的很喜欢利用案例来教学的课程 4. 讨论后的反馈过程让我觉得努力得到了肯定 5. 我觉得成功完成案例课程有好处 6. 我觉得好的教学内容组织有助于学习案例文本 7. 能参与这项设计良好的案例教学令人高兴	1. 我觉得课程带来了很大满足感 2. 我得到的成绩与别人一样公平 3. 我喜欢研习这门课 4. 老师给的成绩比我预想的好 5. 我很满意从这门课学到的知识 6. 我对这门课感到失望* 7. 我觉得反馈讨论能让我对案例作业得到足够的认知 8. 我认为课堂作业与这门课的形式相符

注：＊为反选题。

（四）案例教学前采编案例质量的评价量表

第二轮案例教学行动研究需进行案例采编，案例采编评价是保障案例教学开展的前提，本书整合有关体育硕士专业学位教学案例的编写规范，并根据中国专业学位案例中心入库标准，对采编案例的质量进行评价（见表0-5，具体评分等级与要求细则见附录1）。

表0-5 我国体育硕士专业学位研究生教学案例评审表

评审部分	评审内容及分值
案例正文（50分）	案例来源（10分）
	选题（10分）
	摘要（5分）
	案例主体（20分）
	启发性（5分）

续表

评审部分	评审内容及分值
案例使用说明（50分）	适用对象（5分）
	教学目标（5分）
	教学内容及要点分析（20分）
	教学安排（10分）
	附录及补充材料（10分）
文稿质量（20分）	文本可读性（10分）
	文本规范性（10分）

（五）SOLO 案例学习理解水平评价框架

SOLO（Structure of Observed Learning Outcome）理论由澳大利亚心理学家 Biggs 和 Collis 提出，即通过外在行为来判断学生在回答某一具体问题时所呈现的思维结构，是为了对学习结果进行更为客观的评价而提出的学习质量评价理论。SOLO 理论认为，学习行为虽然不可测，但学生学习行为的结果是可观察的，可观察的学习结果能反映出学生对于特定概念的理解层次。

SOLO 理论将学生的回答分为前结构水平、单点结构水平、多点结构水平、关联结构水平及抽象拓展结构水平。每一个层级代表学生在描述问题时的思维层次及关于核心概念表达的知识深度。体育硕士在案例教学过程中，对案例内容、案例知识及相关概念的表述能力逐渐提高，其SOLO 层级也在逐渐提升。案例教学的终极目标在于培养理论联系实践的能力，这种能力将以提升反思、批判思考、科学探究、问题解决等为前提。不论如何，案例学习者认知结构的层层递进，最终将以学生在回答某个案例问题或进行案例陈述时表现出来的思维结构呈现。因此，本书在 SOLO 理论框架的基础上，结合案例教学的基本特征，设计了 SOLO案例学习理解水平评价框架（见表 0-6），用于案例教学行动过程中的资料收集，并由专家对框架的总体结构及内容做出效度评价（专家效度问卷见附录 4）。

表 0 - 6　SOLO 案例学习理解水平评价框架

SOLO 层级	对案例问题回答的特征	学生案例回答结构图示	图示解释	理解水平
前结构水平(P)	学生没有回答案例中的关键要点，很多表述与案例关系不大		从左侧问题到右侧回答，没有经过中间问题所囊括的知识信息	无
单点结构水平(U)	学生能够理解案例中的一些问题，并且能够自觉调动知识信息对案例问题进行回答		从左侧问题到右侧回答，经过一个知识信息	浅层
多点结构水平(M)	学生能够通过多个方面对案例中的问题进行回答，但回答的内容比较分散		从左侧问题到右侧回答，经过多个知识信息，但彼此间的关系不清楚	较浅层
关联结构水平(R)	学生在回答案例问题时，能将自己的多种知识信息整合回答，形成网状关联		从左侧问题到右侧回答，经过多个知识信息，并将这些信息相关联	较深层
抽象拓展结构水平(E)	学生在回答案例问题时，能将知识信息高度概括，并进行抽象表达，进一步拓展案例问题的外延，形成多样的见解	线索　　　解答	从左侧问题到右侧回答，经过多个知识信息，并将这些信息相关联，跳出了问题所囊括的知识信息区间，结合其他知识信息线索，进行合理假设并得出多样的见解	深层

（六）我国体育硕士案例教学调查问卷的编制

案例教学在我国体育教学领域推行时间不长，因此本书从教师的角度编制调查问卷，并初步构建了我国体育硕士专业学位研究生案例教学现状调查问卷的主要题项，包括案例教学认知的基本情况、案例教学的实施情况以及案例教学的影响因素。本书将分析视角锁定为总体情况分析、人口学差异分析、高校层次差异分析以及授课领域差异分析。

案例教学认知的基本情况包括体育硕士案例教学认知的总体情况、体育硕士案例教学认知的差异分析。案例教学的实施情况包括体育硕士案例教学实施的总体情况、体育硕士案例教学实施的差异分析；人口学差异分析具体视角包括教龄、学历、职称等；高校层次差异分析具体视角包括综合类大学、师范类大学、理工类大学、体育类大学等；授课领域差异分析具体视角包括体育教学领域、运动训练领域、竞赛组织与管理领域及社会体育指导领域等。

为进一步了解体育硕士案例教学现状，笔者对在中国专业学位案例中心体育库内上传过案例的专家进行访谈，在此基础上对初步构建的问卷内容进行重新修订，最终确定了初始问卷。为了考查调查问卷设计的合理性及题项的恰切性，选取了20位有体育专硕教学经验的教师进行测试，检验问卷的信度及效度。在进行效度检验时，除使用单项与总和相关效度分析法之外，还针对问卷的总体结构及内容进行了专家效度检验（见附录5），在此基础上修订得到正式问卷并进行发放（见附录6）。

六 研究数据的处理

（一）质化数据的处理

一是认知网络分析。快速增加的知识与经济全球化，给 STEM 教育的学习评估带来了挑战，认知网络分析法（ENA）为提高学习评估效能提供了新思路。ENA 将个人或团队的认知框架元素之间的联系作为依据，生成动态网络模型，对思维加工、学习过程进行深度分析，高效、便捷地评估对象之间的动态耦合关系，使得评估学习者专业思维发展的全貌成为可能（吴忭，2018）。ENA 的分析资料主要来自研究对象的话语。本书在案例教学实证研究部分，通过对教学过程录制视频的观察，记录每个小组在回答问题时的表达语言，参照 SOLO 案例学习理解水平评价框架中的不同层级，对各个小组以二进制的形式进行标记，出现过标记"1"，未出现标记"0"。将最终的数据导入 ENA 中进行标记代码之间的分析，建立基于节的交互数据下的网络模型，从而得出每一节课中不同小组案例学习理解水平的动态网络结构。在分析的过程中，将每组回答案例问题的话语设为一个节，将一节课中所有小组成员的话语评价设为一个分析单元。一个分析单元里所有节的要素集合的并集，可以全面反映学习者在案例课程学习中的学习理解水平。最后对教学过程进行两个或三个阶段的切割，观察案例教学过程中学生学习理解水平网络的动态变化过程。

二是内容分析。对收集的资料文本中的内容进行客观描述，并解释其中的内涵意蕴。本书在案例教学的本质透析及跨学科分析部分，使用内容分析法来探讨案例教学的功能与价值、案例教学的早期哲学渊源、案例教学的产生与发展、案例教学在管理学及法学等学科中的应用情况等，进而从整体角度对案例教学进行探讨。在案例教学经验借鉴部分，将国外案例库中的体育案例导入 NVivo 12 软件进行量化与质化相结合的混合分析。量化方面，主要分析国外体育案例在"标题"、"功能"、"内容"、"目的"、"长度"及"适用领域"等六个方面的特征；质化方面，主要采用扎根理论编码的方式，对国外典型体育案例的核心要素进行提炼与揭示。

（二）量化数据的处理

量化资料主要包括评价量表与调查问卷两部分。在案例教学教学案例评价量表、案例教学课程评价量表、案例教学学生学习行为评价量表中，所收集数据均使用平均数 ± 标准差（M ± S）进行描述统计。数据分析采用配对样本 t 检验，其中显著性水平 $p = 0.05$，非常显著性水平 $p = 0.01$。在调查问卷方面：一是采用描述性统计，内容包括均值、标准差、百分比等；二是采用推断性统计，包括单因素方差分析（ANOVA）及独立样本 t 检验（t-test），得出人口学、高校层次、授课领域等方面的差异。采用单因素方差分析时，首先进行方差同质性检验，若方差不齐，则需采用 Brown-Forsythe 检验进行方差分析。进行事后检验时，若方差齐性，则采用最常用且对样本量是否相等无要求的 Scheffe 法；若方差不齐，则采用较为灵活的 Games-Howell 法。

（三）信度、效度检验

信度（Reliability），即测量工具能稳定地测量到它要测量的事项的程度。在信度方面，本书使用了以下两种方法：（1）题项总分相关法，校正的项总计相关性≥0.3，以及项已删除的 Cronbach's Alpha 值 < 量表信度；（2）使用 Cronbach's Alpha 系数检测问卷量表的信度，一般认为 Cronbach's Alpha 系数≥0.70，系数越高，信度越好。效度（Validity），即测量工具确能测出其所要测量的特征的程度。在效度方面，本书使用单项与总和相关效度分析法对量表进行了内容效度检验（若有反意题项，将其逆向处理后再计算总分）。具体的判断标准是：计算每个题项得分与题项总分的相关系数，根据相关系数是否显著（p 是否小于 0.05）判断量表是否有效。由于涉及的量表较多，本书将所有量表的"题项总分相关法"的信度系数表以及"单项与总和相关效度分析法"的内容效度表放于"附录 2"中，这一部分仅将各量表的 Cronbach's Alpha 值列出，具体结果如下。

通过计算，"案例教学学生学习行为评价量表"各题项的校正的项总计相关性均≥0.3。由表 0－7 可知，量表整体的 Cronbach's Alpha 值为 0.955，各分类层面的 Cronbach's Alpha 值分别为心智发展层面 0.880、技能发展层面 0.893、态度层面 0.864，说明量表有较好的信度。此外该量表每个题项得分与题项总分的相关系数 p 均小于 0.05，说明量表具有内容效度（效度表见附录 2）。

通过计算，"案例教学教学案例评价量表"各题项的校正的项总计相关性均≥0.3。由表 0－7 可知，量表整体的 Cronbach's Alpha 值为 0.954，各分类层面的 Cronbach's Alpha 值分别为引起注意层面 0.801、信心层面 0.872、相关性层面 0.878、满足感层面 0.905，说明量表有较好的信度。此外该量表每个题项得分与题项总分的相关系数 p 均小于 0.05，说明该量表具有内容效度（效度表见附录 2）。

通过计算，"案例教学课程评价表"各题项的校正的项总计相关性均≥0.3。由表0-7可知，量表整体的Cronbach's Alpha值为0.954。各分类层面的Cronbach's Alpha值分别为引起注意层面0.862、信心层面0.835、相关性层面0.836、满足感层面0.842，说明量表有较好的信度。此外该量表每个题项得分与题项总分的相关系数p均小于0.05，说明该量表具有内容效度（效度表见附录2）。

通过计算，"我国体育硕士专业学位研究生案例教学现状调查问卷"各题项的校正的项总计相关性均≥0.3，由表0-7可知，问卷整体的Cronbach's Alpha值为0.929，各分类层面的Cronbach's Alpha值分别为对案例教学的认知分析0.797、对教学案例的认知分析0.795、案例教学使用情况分析0.855、体育案例开发情况分析0.865、案例教学实施反馈情况分析0.957，说明问卷有较好的信度。此外该问卷每个题项得分与题项总分的相关系数p均小于0.05，说明该问卷具有内容效度（效度表见附录2）。

表0-7　各量表的可靠性统计量

	分类层面	Cronbach's Alpha 值
案例教学学生学习行为评价量表	心智发展层面	0.880
	技能发展层面	0.893
	态度层面	0.864
	整体	0.955
案例教学教学案例评价量表	引起注意	0.801
	信心	0.872
	相关性	0.878
	满足感	0.905
	整体	0.954
案例教学课程评价量表	引起注意	0.862
	信心	0.835
	相关性	0.836
	满足感	0.842
	整体	0.954

续表

	分类层面	Cronbach's Alpha 值
我国体育硕士专业学位研究生案例教学现状调查问卷	对案例教学的认知分析	0.797
	对教学案例的认知分析	0.795
	案例教学使用情况分析	0.855
	体育案例开发情况分析	0.865
	案例教学实施反馈情况分析	0.957
	整体	0.929

七　研究的内容与思路

（一）研究内容

第一，以文献综述的形式展示体育硕士案例教学实施的现实背景与研究现状，重点从案例教学的早期哲学渊源、案例教学的产生与多元化发展、案例教学引入中国的挑战与融合、我国体育硕士案例库的建设等方面探索案例教学的起源与发展。在审视历史维度的基础上，分别从"概念分析""逻辑要素""本质意蕴"出发对体育硕士案例教学的内涵进行梳理，同时探讨体育硕士案例教学的特征与分类。

第二，通过调查问卷对我国体育硕士案例教学的整体认知与实践两个方面展开研究，并对以上内容在人口学变量、高校层次及课程培养领域等方面的差异情况进行分析。同时，探究我国体育硕士案例教学开展的影响因素，揭示我国体育硕士案例教学面临的现实难题，为我国体育硕士案例教学模式的构建提供现实基础。

第三，通过对国外案例库中的体育案例进行定量与定性分析，揭示国外体育案例的基本特征，提炼国外典型体育案例核心要素的结构体系。此外，综合分析哈佛大学商学院、毅伟商学院以及哈佛大学教育研究生院的案例教学实践经验。

第四，以建构主义、行动科学、案例推理等理论为前提，结合我国体育硕士案例教学的现实基础及国外案例教学的经验基础，从目标、原则、实施策略等方面出发，构建我国体育硕士案例教学模式。

第五，基于理论探析与体育硕士专业学位研究生案例教学模式进行教育行动研究。首先，对行动研究进行概述，解释为什么使用行动研究；其次，对构建的案例教学模式进行行动研究，每轮行动研究包括"行动研究的计划""行动研究的行动""行动研究的观察与反思""行动研究的总结"四个部分；最后，通过对两轮行动研究的总结性反思，探索行动研究的实效性。第二轮行动研究以体育教学领域为例，结合当下体育硕士培养核心课程"体育教材教法"的教学要求，将所构建的体育硕士案例教学模式应用于教学实践中，通过准实验的研究方法验证案例教学的效果，并对"案例教学能否促进体育硕士像体育教师一样思考"进行实证分析。

（二）研究思路

本书以案例教学为点，以我国体育硕士专业学位研究生培养为指向，以体育硕士专业学位研究生案例教学理论探析与模式构建为网，立足于我国体育硕士专业学位研究生案例教学模式的行动研究，讨论相关概念的内涵与外延，借鉴硕士研究生跨学科案例教学的经验教训，调查我国体育硕士案例教学的现状，构建我国体育硕士专业学位研究生案例教学模式，开展案例教学模式的行动研究，并展望案例教学与体育硕士专业学位研究生培养的未来研究方向。

在内容上，按宏观到微观再到宏观的思路进行，即导论－经验借鉴－理论探析－行动研究－后论。在方法上，遵循混合研究法的基本思路，尤其是在行动研究部分，既注重案例教学模式的构建与行动修正，也注重案例教学效果评价的定量与定性相结合。在形式上，研究过程紧密围绕问题开展，研究内容与研究问题相对应，研究方法与研究问题相联系，从而形成完整的研究体系。

八　研究的创新之处

一是理论创新。本研究从案例教学历史发展的维度出发，探索了案例教学的早期哲学渊源及其引入中国后面临的挑战，特别是融合问题，进而揭示我国体育硕士案例教学的重要性。并在此基础上从内涵、特征和分类等方面探索了体育硕士专业学位研究生案例教学相关理论。结合以上研究内容，构建了我国体育硕士专业学位研究生案例教学模式，进一步提升了案例教学的理论内涵，并拓展了其外延。

二是方法创新。本研究通过行动研究的方式修正与改进理论探析部分构建的体育硕士专业学位研究生案例教学模式。目前我国体育学科中有关教学实证的研究大多围绕实验研究开展，而行动研究的成果较少。与实验研究相比，行动研究更侧重于实践，强调实践者在行动中为解决自身问题而参与或进行研究。此外，为了有效揭示案例教学对体育硕士学习效果的影响，本研究运用了认知网络分析法（ENA），对体育硕士案例教学过程中收集到的质性资料进行量化分析，为教学效果的验证提供有效支撑。

三是视角创新。案例教学作为一种将理论与实践紧密联系的创新教学方式，在国外研究生培养中早已存在，而我国各个学科对案例教学的应用尚处于起步阶段。近几年，我国发布了多项政策，大力推进案例教学在专业学位研究生培养中的应用。我国体育硕士专业学位研究生培养尚处在改革发展之中，案例教学的研发还处于萌芽阶段，相关研究较为匮乏。因此，从案例教学的视角探索我国体育硕士专业学位研究生的培养属于本书的创新点之一。

第一章

体育硕士案例教学的本质

第一节 案例教学的起源与发展

19 世纪末，哈佛大学法学院建立起来的案例教学，普遍被认作案例教学在专业教育中应用的起点，但站在历史的维度上，早期的哲学思辨对后来案例教学的发展同样具有不可忽视的作用。现今，面对复杂的教育环境与不同学科之间的差异，案例教学依然在不断发展变化，加之案例教学在中国的引入时间并不长，体育学科案例教学进行了怎样的理论研究与实践探讨同样值得关注。因此，有必要对案例教学的起源与发展进行分析。

一 案例教学的早期哲学渊源

（一）智者哲学的苏格拉底问答法

从智者哲学的角度来看，苏格拉底的"辩证法""美德是否可教""把哲学从天上拉回人间"等重要命题的核心精神都显示为知识论上的经验主义（刘良华，2017）。从论证方式来看，苏格拉底问答法的哲学研究逻辑主要是归纳法，讲究从生活的实体经验出发，将自我置于周围世界之中，通过以对话实践为中心的相互引导过程来认知自我，明晰自我的能力规范与行为边界。苏格拉底问答法主要包括三个环节：以问题开始，以讥讽的形式让对方产生对先前认知的怀疑，引导对方归纳出新的普遍性观点

（张义，2018）。其中，"雄辩术"是其课程的首要教学方法，"模拟辩论"是主要的教学方式。这种教学方式与"案例教学"相当，其课程教学内容多来自政治或法律领域，作为"使用暴力解决问题"的对立，这种教学方式引导人如何从现实生活中获得更多的真、善、美。正如案例教学那样，这种知识与智慧要通过探究与践行才能显现出来，师生共处同一问题、现实、情境、故事场域之下的教育才是色诺芬（Xenophon）笔下苏格拉底的虔敬教育。

（二）亚里士多德的实践哲学

亚里士多德在《形而上学》中提到，知识分为理论知识、实践知识和制作知识。实践知识依托实践哲学，围绕问题的解决提出了理论、实践与制作三者之间的辩证关系。在实际情境中真正帮助人们解决实践问题的既不是理论也不是实践，而是实践者所具有的实践智慧（刘宇，2013）。在亚里士多德看来，这种实践智慧不同于智慧，其与德行之间存在联系，是一种求知的品质，它包含了当时人类现实的全部事实，特别是摒弃工具属性、以"善"为目的的自身活动。实践智慧在教育中的体现，需要排除一些将实践"作为一种工具"的认识，实践不是单一的技术，实践与理论之间不可分割，教育不是理论，但理论是最高的教育实践。从其衍生的教育哲学观来看，实践智慧具有较高的内在价值，实践智慧的功能在于判断善恶，利用对真实世界善恶的反思，规范人的全部行为，这些思想与早期产生的以道德判断为主的"道德两难"式案例教学类似。

（三）洛克的经验论

西方现代知识哲学领域虽然划分为经验论与先验论两大阵营，但不同的知识哲学领域存在不少支持当前案例教学的观点。作为经验论的代表，洛克的知识哲学与教育哲学理论主要凝结于《人类理解论》与《教育漫话》两部著作之中。在《教育漫话》中，"智慧"被洛克视为学问与教养相结合的一种处事能力，其目的在于"正确判断人和聪明地与人相处"（洛克，1998）。这种教人熟知世态人情的教育哲学对案例教学产生了一定程度的影响。在洛克看来，知识源于经验，但又被经验所限制，一旦一种

"知识"超出实践主体本身的经验范围，超出边界的部分就会影响实践主体对活动知识确切把握的程度。洛克将实践主体的感觉与反省视为其外部经验与内部经验的结合，他的"白板说"强调"感觉"经验对知识建立的重要性，这种知识建立的过程以"反省"经验为主要手段。

（四）康德的纯粹理性

康德的哲学观念介于先验论与经验论之间，其"纯粹理性判断"与"实践理性判断"被视为对"休谟问题"的回答。休谟认为人的社会行为主要受到人的情感影响，人有一种按照意志决定行动的力量，这种力量不受所谓"理性"的支配，在抉择之时即使知道某个事件是什么，也不一定会做出相应听命于现实的"应该"如何的价值选择（刘良华，2017）。康德反对将知识教育视为知识传递的"中介"，认为知识教育应该成为学生认识能力培养的"启发器"。康德将立足先天范畴与后天经验的判断称为"先天综合判断"。康德主张在认识事物之前，先确定自我认识事物的能力，一切事物皆需要接受批判，对事物的认识不能脱离主体的认识能力。因此，康德重视判断能力的培养，其在教育哲学中直面道德问题，提出纯粹理性判断与实践理性判断，从方法论的层面直击教育问题，尤其是传统教学中道德教育问题重视先验知识传递的缺陷，以及其忽视书本知识的非现实性。

（五）黑格尔的自为的自由

黑格尔认为人既是自然的，也是自由的，教育的目的在于实现人从自然到自由的转变（刘良华，2017）。自由有两种：一种是自在的自由，一种是自为的自由。自在的自由是一种被动状态的自由，自为的自由是真正的自由。由此可见，黑格尔的教育哲学有两种理念与案例教学相关。其一，教育使人从独立的特殊或普遍，走向特殊与普遍的统一。黑格尔认为，一个人的行动表现与普遍人不一致时，即使他并非恶意，但已表现出特异性，而教育就是将人的这种特异性打磨，使其行动能够符合事物的本性。这种观点与案例教学让学生获得专业工作领域"合法的边缘性参与"观点类似。其二，教育是把人从原子式的个性中解放出来，赋予其社会性、伦理性和现实性（刘良华，2015）。黑格尔并不是反对人的个性发展，而是希望通过教育让个性的人被赋予符合自然规律、社会规律的理性习惯与行动表现。综合来看，黑格尔的教育哲学对案例教学试图培养具有社会属性的专业化个体的目标提供了思想指导，也为当今构建家庭、社会与国家教育共同体奠定了理论基础。

二 案例教学的产生与多元化发展

当代学者普遍认为哈佛大学是案例教学产生的摇篮，哈佛大学的法学院、医学院、商学院都为案例教学在其百年发展的历史长河中不断完善做出了巨大努力。1870年，时任美国哈佛大学法学院院长的兰德尔，为改变学习方式消极、师生互动减少、获取知识被动的现状，提出了案例教学法的方案，其编写的《合同法案例》是世界上第一本基于案例教学的法学教科书。兰德尔的教学理念是让学生在法律实践过程中习得各级法庭判决的案例知识、真实情境感知、法律判决能力，帮助法学院的学生真正理解这门学科，并能够使用法律知识与技能。

哈佛大学医学院紧随法学院，尝试使用案例教学。由于医学学科同样具有很强的应用性，且临床病例较多，哈佛大学医学院与联合培养基地对接，让学生走入临床医生的工作环境中，通过观察与记录"身临其境"，提出自己的处理意见，提升自我的判断能力。大量丰富的病例使哈佛大学医学院的案例教学超越了"临床职位"的局限性，为其能大规模地开展案例教学提供了可能（孙军业，2004）。

哈佛大学商学院直到1919年才开始重视收集案例、规范案例格式、突出案例教法等方面的调度，这源于该校法学院邓汉姆教授的调入。1921年，在邓汉姆的积极推动下，科伯特博士撰写了第一本商学案例合集。至此，哈佛大学商学院形成了良好的案例学习氛围。首先，受技术发展与社会体系的影响，商学院越来越注重企业领导人的培养，这些领导人需要通过案例教学来获得不确定情境下的创新能力、应变能力、判断能力等；其次，商学院得到基金资助，定期举办"案例研讨暑期班"，邀请经管领域的知名专家进行专题研讨；此外，哈佛大学商学院还构建了学校之间的案例交流平台，实现案例共享，这也是案例库的雏形。如今，哈佛大学商学院所有课程都使用案例教学法，MBA 在 2 年内共研讨 400 ~ 600 个案例。哈佛大学肯尼迪政治学院 60% 的课程使用案例教学，而在案例教学界与哈佛大学商学院齐名的加拿大西安大略大学毅伟商学院也已拥有 6500 个教学案例，每年向全球提供 200 个新增案例（李宝元，2017）。由此可见，经过各大商学院对案例教学的改进，案例教学逐渐走向成熟与规范，商学院也扮演起案例教学推广的重要角色。自 1950 年起，案例教学开始在美国纽约大学、哥伦比亚大学、斯坦福大学工商管理教学中使用，并逐渐传入英国、法国、加拿大、德国、日本等国家，推广措施涉及书籍、案例库、论文、交流所、研讨班等。

1984 年，全球性组织"世界案例教学研究与应用学会"（WACRA）成立（张民杰，2006）。此后，案例教学开始在师资培育、临床医学、建筑等领域广泛使用。案例教学还在中学、专科、本科、研究生教育及培训中被不断使用。在教学方面，"政策分析"最具有代表性，高等教育通过案例教学帮助学生获得分析复杂问题、设计在政治环境中具有吸引力的问题解决方案的能力。在科学研究方面，作为案例形成的基础，"案例研究"与案例及案例教学形成特定的研究领域，涌现了许多经典研究成果（见表 1 - 1）。

综合来看，案例教学经过近 150 年的发展，学科体系由单一逐渐走向多元，教学手段由松散逐渐走向规范，角色地位由被冷落逐渐走向特色化，案例来源由私人逐渐走向共享。虽然案例教学的整体发展值得肯定，但也不得不面对发展过程中的一些质疑：案例采编费时费力，资料来源琐碎；案例教学效果缺乏实证研究支撑；对学习成绩中下游的学生产生不利影响；教学教法的系统性不强；等等。通过对历史的审视，我们能够得出以下几点启示。第一，案例教学适用于实践性较强的学科或课程。案例教学需要以真实事件为依托，旨在培养学生解决实际问题的思维与能力，这决定了教学属性与学科属性都需要有较强的应用价值。第二，建设案例库极为重要。作为教学案例获取的共享中心，案例库的建设是节约案例制作成本、解决案例教学难题、推进案例教学普及、提高案例教学质量的前提。第三，重视案例教学运行系统的探索。研究生培养是一个系统工程，因此教育工作者应对案例教学有全局性考量，而非局限于一种教学方法。这种全局性考量需要将案例教学与培养系统中各要素进行整合。

表 1-1 历史发展中的典型案例教学研究成果

时间	作者	成果	主要内容
1960	欧内斯特·戴尔 （Ernest Dale）	《伟大的组织者》 （*The Great Organizer*）	对杜邦公司、通用公司、国民钢铁公司三大公司的一些"伟大的组织者"进行个案收集与研究
1961	哈罗德·孔茨 （Harold Koontz）	《管理理论的丛林》 （*The Management Theory Jungle*）	将案例教学作为主要学派之一
1962	艾尔弗雷德·钱德勒 （A. D. Chandler）	《战略与结构：美国工商企业成长的若干篇章》 （*Strategy and Structure：Chapters in the History of the American Industrial Enterprise*）	对杜邦公司、通用公司、新泽西标准石油三家企业进行跨案例比较，得出"结构跟随战略"的普适性结论
1982	汤姆·彼得斯 （T. J. Peters）	《追求卓越：美国优秀企业的管理圣经》 （*In Search of Excellence：Lessons from America's Best-Run Companies*）	对美国 43 家卓越企业的发展进行个案比较，找出被管理者常忽略却最为基础的八大要素
1994	吉姆·柯林斯 （Jim Collins）	《基业长青：企业永续经营的准则》 （*Built To Last：Successful Habits of Visionary Companies*）	揭示 18 家"高瞻远瞩"公司的成功秘诀：基于为大众服务的核心价值观
1996	约翰·科特 （John P. Kotter）	《领导变革》 （*Leading Change*）	基于 34 个案例故事，提出成功变革的 8 个基本步骤
2002	约翰·科特 （John P. Kotter）	《变革之心》 （*The Heart of Change：Real-Life Stories of How People Change Their Organizations*）	对 90 多家组织 200 位员工进行访谈后得出的企业变革调查数据

三 案例教学引入中国的挑战与融合

1980 年，中国启动了"中美微型 MBA"培训班项目，大连理工大学成为中国最早引入案例教学的高校。在此基础上，大连理工大学成立了全国性的管理案例研究中心，第一个开设了管理案例库，并在之后 20 多年的发展中出版了 30 多部案例教学指导书籍，发行了 26 期《管理案例研究》刊物，举办了 3 届"海峡两岸暨港澳地区中国企业管理案例研究学术研讨会"，开办了 40 多期针对高校师资与行政的案例研究教学培训班，对中国案例教学引入起到了重要作用。

1994 年，全国 MBA 教育指导委员会将案例教学列为正式的教学要求，多年的实践经验使管理学形成了规范的科研与教学方法。1999 年清华大学成立"中国工商管理案例研究中心"，旨在搭建中国本土案例库平台，合作学校包括北京大学、北京航空航天大学、华东理工大学、吉林大学、南开大学等。同年，北京大学举办了"中国企业管理案例库组建工程"发布会，入库 170 个案例。2006 年，中国人民大学成立案例研究中心，负责本土化案例库建设，积极推动案例教学及案例论坛与联合培养单位对接，总结成功经验，向世界传播中国本土案例教学经验。2009 年，南京大学成立案例研究与教学中心，并联结 EMBA、MBA、MPAcc 及 EDP 的案例中心，丰富案例中心平台的学术资源与社会资源。

不难发现，建立案例库是推行案例教学的前提，我国 2007 年成立的"中国管理案例共享中心"与 2013 年成立的"中国专业学位案例中心"最具代表性。"中国管理案例共享中心"目前已建立 500 多人的案例评审专家库，案例内容覆盖管理学等多个学科领域，已入库 1500 多篇文字案例及 28 篇视频案例。此外，其还与 70 多家企业签订了案例基地协议，与哈佛大学商学院、加拿大西安大略大学毅伟商学院签署合作协议。"中国专业学位案例中心"由国务院学位委员会办公室和教育部指导，教育部学位与研究生教育发展中心牵头成立，旨在提高我国专业学位教学案例质量，满足我国专业学位案例教学需求，促进专业学位研究生培养质量的提高。根据中国专业学位案例教学现状，将案例中心建设成我国专业类别最全、案例数量最多、特色明显、获得广泛认可的国家级案例中心，目前共入库案例 3427 个，覆盖 22 个专业。

四　我国体育硕士案例库的建设

我国体育案例库的建设较为滞后，当前中国专业学位案例中心的体育案例库刚刚开库，且案例仅为 8 篇，与案例库其他学科形成较大的反差（见图 1 - 1）。为建立体育硕士案例库基础规范体系，我国于 2014 年成立体育硕士案例编写专家组，并在全国范围内遴选体育教育、体育行政管理、运动训练、体育市场经营管理等方面的专家，为体育案例的编写做准备。中国专业学位案例中心在总结以往体育案例编写经验的基础上，研究制定体育硕士案例入库标准、案例编写范围以及案例基本结构等相关要求。

哪些领域核心课程适合使用案例教学，这些核心课程中哪些知识点适合使用案例教学，以上问题是专家组论述的核心。此外，为引导各体育硕士培养单位加大对案例教学的使用以及对教学案例的开发与投入力度，积极参与体育案例库建设工作，教指委将各体育硕士培养单位体育教学案例入库数量及获奖数量，作为评估其体育专业学位教育质量的重要指标，并与学位中心共同推动，将体育教学案例入库纳入一级学科评估以及职称评定指标体系。

因此，增加体育案例入库的数量，组建体育教学案例评审专家队伍，组织开展案例编写培训、案例教学观摩、案例大赛等活动，适时引导并激励各体育硕士培养单位重视案例研发、案例教学、师资队伍培养以及学生案例分析能力的培养等，是当前体育案例库建设极为重要的规划。

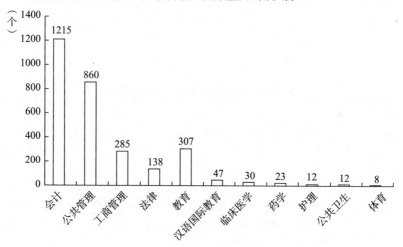

图 1-1　不同类别硕士专业学位研究生入库案例数量统计

第二节　体育硕士案例教学的内涵

一　体育硕士案例教学的概念分析

（一）体育案例

从案例教学的英文来看，"case"对应"案例"，而 case 可译为"特定情况""境况""案件""事实根据"等。在案例教学的发展过程中，因使用领域的差异，产生了不同的解释，也出现了军事上的"战例"、法学上的"判例"等特殊用法。

显然，不同学科在案例解释方面的差异，主要源自对案例采编的不同看法。案例采编服务于真实维度还是教学维度？不同学科领域给出了不同的解释。其中，法学与医学突出专业实践性，强调案例在专业实践中的自然生成。而工商管理与公共管理则认为"案例"本身具有一定的编制性，需要通过加工程序进一步"提炼"，才能更符合教学实际。而教师教育领域综合了两者的观点：首先，通过真实教学情境中的两难处境来培养"像教师一样的思维"，体现了案例需要在实践情境中自然生成；其次，相比于常规举例、故事，案例的周详程度也同样依赖后期的提炼（见表 1－2）。这种对案例的解释，突破了单一目标维度的案例选取，它更强调案例在再认识与多重表征上的潜力。

表 1－2　国外不同领域对案例的解释

学科	有关案例的代表性观点
法学	案例是一个案件在审判前所需要经历的过程或者是有关这一过程的书面记录。一个司法判决本身就是一个案例，是未来判决事件中所涉及的相同具体事实的依据（Ginsburg，1996）
医学	一个待诊断患者的症状描述和对他治疗过程的描述共同形成一个案例，但医学案例较为抽象，诊断过程的紧迫性与连续性不能通过案例展现（Barrows，1980）
工商管理	教师对案例原材料提炼加工后，形成目标丰富、信息不充分且亟待提出决策性建议的案例（Christensen，1987）
公共管理	案例是公共管理人员从事决策工作时表现出来的实际行动，是对管理经验的归纳及对执行的总结（Stein，1952）
教师教育	案例与简单的趣闻相比，其过程结构更加周详，案例能给准教师提供一个模棱两可的困境与机会，培养其形成"像教师一样的思维"（Shulman，1986）

国内学者对案例的定义充分体现学科特点，且尚未达成统一。多数学者认为案例是对实际情境的客观描述。例如案例是具有代表性的典型事件，真实事件、叙述形式、困境问题、决定与解决等构成一个教学案例的基本结构。案例就是对真实事件的叙述，而叙述本身包含了事件的问题、困境、情境及相应的分析、决定与解决（张民杰，2006）。

基于以上论述，本书将体育案例定义为：为了明确的体育教学目的，对体育行为过程中发生的实际问题情境所进行的描述。体育案例需体现真实性、典型性、故事性、目的性、叙事性等方面的内涵特征，同时还需包含目的、问题、情境（情景）、描述等关键要义。首先，案例服务于体育硕士教学培养，需要承担体育硕士必要的培养目标及核心课程的教学目标。其次，问题与情境是体育硕士教学案例的核心，两者呈依附关系，案例文本中的事件是两者之间的桥梁。问题是案例的表现形式，而案例发生时的外部环境构成了体育案例特定的问题情境。最后，描述是体育案例的最终呈现手段，这是案例区别于案例研究的重要特征，体育案例文本内容是详细的案例原委描述，而非深入的案例研究。

（二）体育硕士案例教学

哈佛大学案例教学创立者——克里斯托弗·哥伦姆布斯·兰德尔认为，案例教学是一种解决法律层面那些原则和原理构成的学科内容的有效途径。联合国教科文组织将案例教学视为一种提升分析能力的教学方法。案例教学还是培养研究生实践能力的重要手段，其本身需要实现教学、实践与研究的整合（Nghia，2017）。由于专业上的差异性，通常从"教学材料""教学过程""教学目标"三个方面对案例教学进行拆分与界定。因此，综合不同领域学者的观点来看，案例教学是将案例作为学习材料，通过讨论、问答等师生互动的教学过程，让学习者了解与教学主题相关的理论，培养学习者高层次能力的教学办法（见表1-3）。

表1-3　不同领域学者对案例教学的界定

学者	教学材料	教学过程	教学目标
柯瓦斯基 （T. J. Kowalski）	案例	讨论	传授概念理论，获得推理、判断、问题解决能力
赖恩 （C. Lang）	案例	讨论（归纳推理）	解决问题、运用管理原则
兰德尔 （C. C. Langdell）	上诉法院判决	苏格拉底问答法（以问答方式进行讨论）	学习者自己归纳意见和方法
罗伦斯 （P. R. Lawrence）	案例的主要议题	分析和解释	决定、拟定行动方案和解决问题

续表

学者	教学材料	教学过程	教学目标
舒尔曼 （L. Shulman）	案例	讨论	
克里斯坦森 （C. M. Christensen）	案例	讨论	
威廉斯 （M. M. Williams）	案例的使用	参与各种学习活动	
莱特 （S. Wright）	基于真实教学情境的事件	表达意见并听取不同观点，对案例交织的问题与困境进行分析	产生问题解决方案

以上概念界定多从学科角度、教学材料、教学过程、教学目标等方面展开，其主要论述内容依旧针对案例教学本体，未将案例教学的服务对象纳入考虑范围。随着政策导向变化与国内相关学科的实践，案例教学逐渐成为培养专业人才的新型教学方式。例如，教育硕士培养将案例教学视为一种解决实践问题的教学方式；图书情报硕士培养将案例教学视为一种充分开放的新型教学方式；工商管理硕士培养将案例教学视为一种互动性较强的教学方式。我国 2015 年颁布的《关于加强专业学位研究生案例教学和联合培养基地建设的意见》将案例教学界定为：以学生为中心，以案例为基础，通过呈现案例情境，将理论与实践紧密结合，引导学生发现问题、分析问题、解决问题，从而掌握理论、形成观点、提高能力的一种教学方式。

因此，专业学位研究生培养过程中的案例教学与常规案例教学的认知相似，注重案例的情境性，围绕情境进行问题的分析与解决，培养研究生运用理论知识解决问题的能力。而不同之处在于，案例教学在专业学位研究生培养中以一种教学方式存在，有别于将案例教学视为一种教学方法的常规界定。将案例教学视为一种教学方式，增加了案例教学的动态性，这种动态性依附于专业学位研究生的培养过程，与培养过程的结构要素相互搭配。

综上所述，本书认为体育硕士案例教学是指根据体育硕士的培养目标，以体育案例为中介，培育体育硕士运用理论分析与解决真实情境中体育问题的实践智慧，进而促进其理论联系实践的教学方式。

（三）体育硕士案例教学与传统教学之间的区别

1. 与问题教学之间的区别

问题教学的变革与案例教学有一定的联系，医学教育将案例教学转换为"以问题为导向的学习"，由加拿大麦克马斯特大学神经病学教授 Barrows 首创。虽然两者存在一定的联系，但并不完全相同，脱胎于案例教学的问题教学在一定程度上简化了学习过程。问题教学主要围绕问题的解决展开，而案例教学围绕问题产生的案例学习，除解决问题外，还注重由问题解决衍生出的对体育理论与实际体育问题融合的实践认知。从教学效果来看，体育硕士案例教学效果的呈现形式多样，例如体育案例陈述、体育案例报告、体育角色扮演、体育实地考察、体育研究报告、体育案例考试等。

2. 与体验式教学之间的区别

体育硕士培养中的体验式教学是指教师通过精心设计的活动，让体育硕士以实际体验的方式来审视自己原有的体育体验，积累积极的体验，达到对对象本性或内蕴的一种直觉的、明澈的透察，使心智得到改善与建设。可见，体验式教学注重体育经验的积累与体育专业知识的构建，这一基本逻辑点与案例教学一致。同时，两者具有相似的教学手段：问题情境的准备、教师指导与学生创造性假设的提出、实践情境的介入与行动分析、经验的分享与反思等。但两者教学过程的承载方式有所不同，体育硕士案例教学的学习过程所包含的案例活动更为具体，主要有体育案例中的角色扮演、体育案例发生场域的现场观摩、体育案例中核心人物到场的参与式教学等。体育案例内容更容易呈现行动者在现场难以讲出的隐性事件，而体验式教学虽然注重现场体验，但体育活动主角的隐晦性思考与做法，观察者不易察觉。

3. 与讨论式教学之间的区别

讨论式教学是指在教师的精心准备和指导下，为实现一定的教学目标，通过预先的设计与组织，启发学生就特定问题发表自己的见解，以培养学生的独立思考能力和创新精神（马特，2008）。在讨论式教学中，以道德两难故事作为教学材料是一种常见的教学方式。可见，这种将体育故事视为教学材料的方式与案例教学十分相似。但从教学材料本身来看，讨论式教学的两难教学题材往往以虚构故事为主，而体育硕士案例教学的教学案例大多依据真实事件编写。不仅如此，体育案例与体育硕士核心课程之间的关联性高，内容翔实且揭示问题有一定的深度。最后，从教学过程来看，讨论式教学的教学方法单一，对体育硕士某一核心课程的整个教学过程不具有覆盖性，而只要体育案例充足，体育硕士某一核心课程中的知识要点都能找到对应的体育案例。

二 体育硕士案例教学的逻辑要素

关于什么是案例教学，虽然目前尚无明确定论，但学者对案例教学包含载体、过程及目的三种逻辑要素的观点趋于认同。由此可演绎出体育硕士案例教学的三种逻辑要素：载体要素的工具属性、过程要素的自下而上及目的要素的动态生成（见图1-2）。

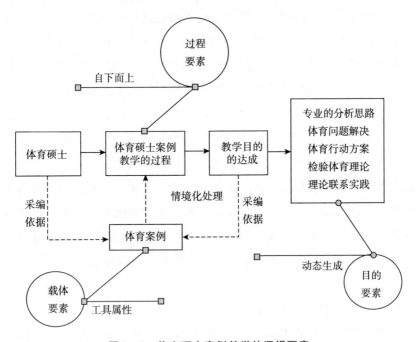

图1-2 体育硕士案例教学的逻辑要素

（一）载体要素的工具属性

体育案例可以是体育特定情境的描述，可以是对体育事务的记录，可以是体育故事的展现，也可以是多重体育意义的综合呈现。从其工具属性来看，体育案例既是体育硕士案例教学的"教材"，亦是案例教学的"本体"，可见，案例教学的重心是案例而非教学。这种既是教学材料又是教学本体的特殊属性，可以从体育案例与传统教学的实例、举例及范例的区别中体现。体育案例首先是一个实例，但并不是体育实例就能成为体育案例，体育案例承载着明确的教学目的，需经过特殊、规范的案例编写程序，而体育实例一般未经处理，缺乏针对性。体育硕士教学中的举例，是对一件体育实例的陈述，但从应用角度来看，举例在教学过程中一般为单向度应用，而体育案例在教学过程中承载着计划、动员、讨论、点评等任务，也就是说，体育硕士的整个教学过程紧密围绕着体育案例展开，而非将其用于佐证某一种观点。范例多半是已解决的问题，而体育案例多数属于悬而未决的问题，需要体育硕士自我、自我与他我、自身与教师之间的充分案例探讨来实现工具属性（付永刚，2014）。

（二）过程要素的自下而上

体育硕士培养的常规教学过程可分为课前准备、课堂教学、课后反馈三个环节，基本离不开讲授、讨论、探究等教学手段。体育硕士案例教学过程要素基本与传统教学类似，主要包括"课前的案例教学准备"、"课堂上案例的分析与讨论"和"课后的案例作业跟进"三个教学过程。但区别在于，体育硕士案例教学过程并非自上而下的知识讲授型教学，而是通过对体育案例的探讨，转变为自下而上的教学思路。自上而下的教学过程往往满堂灌输体育基本理论，就理论谈体育、就知识谈体育，弱化了学生运用体育理论知识解决实际问题的能力。体育硕士案例教学则强调教学内容的实践性，让学生在案例的分析讨论中感知体育的实践情境，并在此基础上学会理论联系实践。体育硕士案例教学自下而上的教学思路主要源于体育案例的特性，这种特性能促进体育硕士不断围绕案例进行讨论。从严格意义上讲，案例教学并不完全属于一种教学方法，这种解释可以从尤里·康斯坦丁夫·巴班斯基对教学方法的分类中体现，其将教学方法分为两类：一是传授和感知教材的方法，二是刺激动机的方法。这两种教学方法不应该并列，因为两者存在交叉重叠的部分。事实上，经过规范流程处理的体育案例能够将两者连接在一起。

（三）目的要素的动态生成

智慧不是经人直接告知而来，而是通过实践感知到的（夏正江，2005）。体育硕士案例教学的首要目的在于通过案例学习让体育硕士学会将理论与现实进行整合，从而促进体育实践智慧的动态生成。从操作意义上来看，体育实践智慧的动态生成需要学生、教师及案例的互动配合，但从操作结构来看，案例依然是动态生成的核心要素。体育案例能让体育硕士突破传统教材中的"知识信奉"，围绕案例主动探索真实情境中的体育实践知识。这种具有变通性的体育实践知识，正是体育领域工作者实践智慧的隐形体现。换句话说，体育硕士通过案例教学，预先建构并获得了不少体育职业场域的实践知识与智慧，为其日后进入各自的体育工作领域时，快速突破初任人群的"合法的边缘性参与"提供帮助。案例教学促进体育硕士实践智慧的动态生成，能够培养学生产生"行动中反映"（the reflection-in-action），进而提高实践领域的专业效能（阿吉里斯、舍恩，2008）。

第三节 体育硕士案例教学的特征

一 覆盖体育领域的广泛性

与其他学科不同，体育硕士培养涵盖 4 个领域，每个领域都有各自的核心课程。体育教学领域与运动训练领域之间存在一定的交叉性，例如有关学校体育校队训练方面的案例，既适用于体育教学领域中"运动技能学习原理"这样的核心课程，也适用于运动训练领域的"运动训练理论与方法""运动训练科学监控"之类的核心课程。但领域之间的交叉性，并不意味着教学案例不具有针对性。有时同样一个案例主题会因案例内容的主角不同而影响其适用性。例如，一个有关"运动伤病的防治与康复"的案例，会因案例主角是高水平运动队队员、普通中学生，或是一般健身群众等，而出现使用领域的不同。有些领域之间则存在较大的差别，虽然竞赛组织与管理领域以及社会体育指导领域都有很多课程、实践需要以管理学为基础，但前者更关注体育产业、体育赛事、体育市场营销等方面的教学案例，后者更关注社会健身指导、群众性体育活动组织等方面的教学案例。可见资金利益获取与公共服务供给在逻辑起点上存在差异，进而导致案例核心要义的不同。因此，体育硕士各大培养领域的不同特征，使彼此之间的学科跨度加大，这也决定了案例教学覆盖领域广泛的特征。

二 涉及体育问题的复杂性

正是由于体育硕士培养领域的广泛性，体育硕士案例教学涉的问题较为复杂。简单讲，某一培养领域下一门核心课程中的一个主题类案例所涉及的问题都十分复杂。例如，竞赛组织与管理领域中的体育经济学课程，其内容主要涉及体育与经济发展的关系、体育的经济功能、体育产业、体育市场、体育商业化、体育消费、体育资金、运动员劳动的特点及报酬形式等13个不同专题。单从"体育与经济发展的关系"专题来看，由希腊体育经费问题而改编的"希腊体育面临等米下锅，取消津贴令运动员参赛堪忧"体育案例，需要体育硕士学会使用体育经济的理论与思维去思考希腊政府为什么要削减体育预算，削减预算后对希腊体育发展带来的影响有哪些，一旦削减，希腊体协该做出怎样的自救措施。由此可见，每个专题本身既具有高度的综合性及复杂性，相关专题体育案例的选取又要时刻保持新颖，具备一定热度及启示性；每个专题涵盖的体育知识点范畴又极为分散，各个专题中的体育问题可能涉及的源头又充满了不确定性。这些都让体育硕士案例教学，哪怕是具体到某个体育专题上的案例教学都充满了复杂性。

三 囊括体育基本理论范畴的系统性

首先，体育硕士案例教学能将体育基本观念的各子系统衔接，实现大体育观、体育价值观、体育人文观和体育科学观之间的整合。体育案例帮助体育硕士构建了体育整体观，一种需着眼于体育事件发展过程中多要素交互作用的真实感受。同时，体育案例从经验感受层面反映体育领域不同客体展现的价值观，既有国家层面的主流价值观，亦有个体层面的行动价值观。体育硕士案例教学旨在通过体育案例帮助体育硕士树立正确的科学观，即用体育科学的基本理论与实践方法去认识体育基本问题。值得注意的是，体育案例中的情节含有较多人物与体育制度之间的关系，是体育需要、幸福、价值等体育人文观的重要体现。

其次，体育硕士培养过程中，每门课程之间的基本理论都存在机械的割裂，难以实现学科之间、理论之间及研究范畴之间的贯通。从体育学基本理论范畴体系来看，体育硕士案例教学既包含"具体范畴、概念"，即不同体育领域中与体育经验事实直接联系的概念、范畴；也包含"一般范畴"，如运动训练、运动技术、运动生理、体育组织、体育管理、体育精神、体育文化等，是多个体育学科领域共同关注而形成的学科交叉领域的问题揭示，也是对当前体育硕士培养中有意规避交叉领域问题的教学现象的缓解。同时，还包含"基本范畴"结构对体育行为、体育制度及人文体育的关注。这种极具概括性、普适性的体育基本理论核心范畴正是体育教学案例的出彩之处，体育案例正是扮演这样一个将不同范畴囊括其中并发挥积极作用的角色。

第四节　体育硕士案例教学的分类

中国专业学位案例中心体育案例库有以下两种分类方式：一种是根据案例的特点，将体育案例分为探索性案例、描述性案例、实验性案例和解释性案例；另外一种是根据案例数量的多少，将体育案例研究分为单一案例研究和多案例对比研究。可见，案例中心在对体育案例分类时多强调体育案例的研究属性，忽视了体育案例的功能属性，尤其是教学功能属性。体育案例作为案例教学载体工具应具有高度凝练的经验反思。

显然，按照体育案例特点对体育硕士案例教学进行分类存在一定缺陷，有些类型的案例之间交叉重叠，很难明确将其归为哪一种体育案例教学类型。这一点从中国专业学位案例中心体育案例库的案例分类中亦能看出。从案例内容看，当前已入库的案例有描述性案例、探索性案例、解释性案例三种类型，尚缺少实验性案例。其中，有些体育案例描述多一些，解释少一些；有些体育案例描述多一些，有少量的探索，没有解释；有些体育案例实验或探索的成分居多，但实际内容依然以描述为主（见表1-4）。

表1-4 体育硕士专业学位案例库教学案例概况

专业领域/方向	案例名称	适用核心课程	案例类型
体育教学	心肺适能运动处方实施过程	体适能理论与方法	描述性案例
	肌肉适能的运动处方	运动处方	
运动训练	罗雪娟备战雅典奥运会——运动训练负荷调控	运动训练理论与方法	探索性案例
	刘翔退赛事件——运动训练监控	运动训练科学监控	探索性案例
	马拉松损伤——体育课教学中的伤病 刘翔退赛始末——运动损伤	运动伤病的防治与康复	解释性案例 描述性案例
竞赛组织与管理	/	/	/
社会体育指导	体成分的脂肪变化——运动减肥	运动处方	描述性案例
	社会空间领域的激烈争夺——大众体育管理	大众体育管理	解释性案例

本研究认为，体育硕士案例教学分类应该从体育案例的功能出发。无论体育案例内容如何变化，与哪个体育硕士培养领域相契合，体育案例都要通过对案例内容的教学来展现必要的功能。体育案例内容有两个基本特征：其一，体育案例需要依附于体育硕士案例教学的不同领域方向，并基于此产生具有不同领域特征的案例内容，这种体育案例内容通常以某领域中特有的专题呈现；其二，从内容本身教学属性来看，体育案例主要分为描述性案例与解释性案例，但无论哪种类型的案例，都不能脱离描述或解释的前设载体，也不能脱离体育的基本属性。

因此，本书依据体育案例的功能将体育硕士案例教学分为两大类：一是体育史实描述性案例教学，二是体育方案解释性案例教学。这两大类既要对应体育硕士四大培养领域下的不同课程分类，还要对应体育案例功能进一步细分的下位概念。例如，体育史实描述性案例教学可继续分为争议类体育案例教学与警示类体育案例教学；体育方案解释性案例教学可继续分为探索类体育案例教学与实验类体育案例教学（见图1-3）。

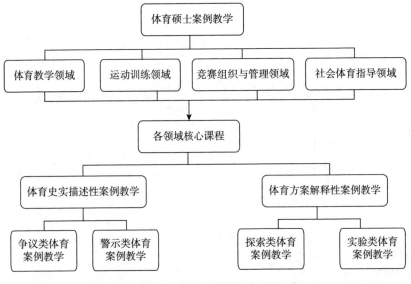

图1-3 体育硕士案例教学的类型

一 从体育硕士培养领域视角来看

体育教学领域、运动训练领域、竞赛组织与管理领域、社会体育指导领域下的各类体育案例教学都与各自的培养要求、培养目标及核心课程相对应。在已有的理论框架下，体育学案例采编者分别对四个领域的实践活动做出详尽描述；运用已有体育基本理论，解释这些领域的体育实践活动现象；运用新的理论或新的实践思路，对领域内疑难问题进行探索性尝试，或对领域内早已形成的固定共识有所突破，希望通过实验的方式来验证一些体育领域的新思想、新方法、新理论等。

二 从体育硕士核心课程目标视角来看

（一）体育史实描述性案例教学

体育史实描述性案例教学是指对一个或几个已经发生过的体育行为事件背后的因果关系、处理方式进行客观描述的体育案例教学。任何一个体育行为事件的事实都包含具体时间、地点及人物。在时间维度上发生的体育事件，构成了其用以描述的史实，而史实本身又包含发生的地点与人物。例如"刘翔退赛始末——运动损伤"的案例节选（入库编号：201804520007）：

> 刘翔在 2008 年北京奥运会中退赛，2012 年伦敦奥运会又倒在赛道上，媒体与大众对他的态度发生了很大的变化，大家对刘翔伤病本身很少关注，对其中的"故事"更是知之甚少。本案例试图以叙事研究方法对刘翔进行案例教学分析，叙事资料来源于一位既在中国田径界有着丰富指导经验与大赛经验，又与刘翔有着亲密关系的专家，为本案例内容的真实性奠定基础。

（二）体育方案解释性案例教学

体育方案解释性案例教学是指运用新的体育理论或实践思路对已发生或尚未发生过的体育问题进行探索或实验，以期达到体育案例主角预期效果的教学。这类体育案例往往早已将体育事件或问题界定清楚，教学的重点是用现有的理论解释案例中的体育现象，以及案例主角如何进行探索性尝试。有时候，探索性尝试的内容会在案例中做隐藏处理，其目的是在案例教学中引导学生自己探索问题的解释或解决路径，再抛出案例主角的处理方式，为学生提供比较或参考。因此，这种类型的案例教学既需要在案例内容上具有解释性，还需要具有较强的分析性。例如"社会空间领域的激烈争夺——大众体育管理"的案例节选（入库编号：201804520006）：

> 健康已经成为当今社会各类群体追求的美好生活需求，随着大众健康意识的提高，参与体育运动的人也越来越多。然而公共活动场地的数量缺失、场地布局不合理、场地开放权限不明等问题的出现使社会各类群体对体育公共活动场地展开了激烈争夺，这其中以跳广场舞的中老年群体与爱好竞技体育运动的青年群体之间的矛盾最为激烈。因此，本案例试图将洛阳广场舞群体与打篮球群体争夺场地的原因、过程、解决措施等以案例的形式展现，指导体育专业硕士在面对这类社会事件时，学会如何从理论的视角解释现象，以及如何将理论运用于实践之中。

三 从体育案例教学内容视角来看

(一) 争议类体育案例教学与警示类体育案例教学

争议类体育案例教学是指对一个在案例中出现了多种正误交织的观点，甚至案例情节中出现了难以定论的表现形式，抑或出现了令人非议的处理方式的体育案例所进行的教学。这种体育案例一般只提供案例情节和主要的争议观点。例如"日本政府增加精英体育投入引发争议"的案例节选（2010 年 11 月 28 日《中国青年报》）：

> 许多人认为：日本的很多领域都需要国家预算，本来就不多的预算应该尽可能地用于充实福利和教育。日本的体育界也开始出现如下思考：对于一个国家，体育到底能发挥多大的效用？夺取金牌给国民带来的活力只是暂时效果而已。如果体育不能与基层社会密切相关，成为社会不可或缺的一部分，那么国家为其提供的支援也应该全部废止。他们认为，虽然本届亚运会上中国和韩国以巨大的金牌优势领先于日本，但金牌数并非体育的真正价值。很多人认为有必要构筑一个踏踏实实能为社会做出贡献的体育界。如果继续采取对部分选手进行国家支援来夺取奖牌的做法，日本的体育界将没有前途。

警示类体育案例教学是指对一个已做出是非明辨，以叙述事件发生过程为主要分析形式，以总结性的论述为案例主要内容，以告诫与教育为主要目的，选题一般为反面，结论一般具有正确性特征的体育案例所进行的教学。例如"办赛（体育赛事）岂能本末倒置"的案例节选（2013 年 5 月 6 日《人民日报》）：

> 将体育融入各地经济社会发展大循环，本来是体育借势发展的良机，怎奈有些赛事运转多年却一点儿都让人高兴不起来。为何会形成地方和城市热捧的赛事反倒办得不温不火的尴尬局面？简单地说，还

是一些地区和城市尽管对办赛抱有极高热情，但并没有解决好"为何办赛""为谁办赛"等基本问题。如果办赛仅仅注重能否做到电视直播，而对办赛细节缺少关注；如果办赛的全部目的仅仅是将地区和城市简单包装后通过最直观的手段推介出去，而做不到赛事为增进当地群众福祉服务，那这样的赛事岂不是办得本末倒置，又怎能奢望赛事能办得红红火火、风生水起？很多年前，国内就流行关于"搭台"与"唱戏"的种种组合。涉及体育与其他领域的关系，体育更多是在扮演"搭台"的角色。而不管是经济唱戏还是文化唱戏，如果用体育赛事搭建的舞台饱受抨击和诟病，那么什么戏也没法唱好。其实，办赛本身也是各地民生工程的组成部分，办赛需要因地制宜，更需要群众认可，而一切违背规律与民意的急功近利做法都必然要付出代价。

（二）探索类体育案例教学与实验类体育案例教学

探索类体育案例教学是指对运用新的视角、假设、观点和方法来解析社会体育现象，为新理论形成作铺垫的体育案例所进行的教学。其特点是体育案例没有特别合适的理论支撑，教学是探索与创造新理论的过程，是将实践性经验理论化的过程。例如"罗雪娟备战雅典奥运会——运动训练负荷调控"的案例节选（入库编号：201804520002）：

游泳是体能主导类耐力性项群的代表性项目，现代训练学理论中的许多内容源于对游泳项目训练、比赛成功经验的归纳和总结。优秀运动员训练和比赛的成功个案是现代训练理论重要的实践基础素材之一，也是总结归纳运动训练客观规律的原材料。选择罗雪娟雅典奥运会100米蛙泳比赛这一成功案例，一是要发挥案例教学的特长，培养学生透过现象看本质的能力，完成"实践案例－理论升华－指导实践"的闭环思维训练过程；二是通过对优秀运动员训练和比赛案例的研究，将抽象的训练学理论还原成具体的训练和比赛实践，并探索竞技体育中普遍存在的共性规律，为今后讨论总结项目制胜规律做好铺垫。

实验类体育案例教学是指体育运动项目的实践者或科研者，为了验证体育训练和竞赛中的新方法、新手段、新的技战术应用效果，采用实践方法的体育案例所进行的教学。值得注意的是，实验类体育案例教学还包括思想实验型案例教学，这种案例教学与上述科学实验型案例教学有所区别，主要基于体育项目组织者头脑中建构和设计的体育行动思想，通过训练或管理的方式干预体育实践对象，加深对体育项目的认知理解。这种思想实验型案例教学多用于集体类体育项目的思想建设、队伍建设、项目建设、战术提升、管理把控等方面。例如"二十四年风和雨——记中国赛艇奥运首金突破"的案例节选（2008 年 8 月新华网）：

"从这个周期组队开始，中国赛艇队始终以创新作为组队思路，这个周期中国赛艇创新太多了，比如训练结构、训练手段、训练监控等，创新点每年都有几个，每年一步一个台阶往上奔。"韦迪说。如其所言，中国赛艇队在队伍管理架构上有所创新，在外教伊格尔加入后，队伍分成单桨组和双桨组，分别由伊格尔和周琦年担任总教练，新的架构是对技术的有效整合，这成为中国赛艇实现突破的关键之一。进行创新的前提当然是有更多的合作，中国赛艇队就有一个强大的科研队伍，"这个周期我们合作的科技伙伴特别多，比如北大、清华、浙江师大、北体大等高校。不仅有传统的生理生化监控、生物力学评价，还在操作层面研制出赛艇专用的实船测试系统，这就可以进一步深入赛艇实质。对外我们还和慕尼黑工业大学进行了合作。这些合作让我们的眼界拓宽，了解到一些肉眼看不到的规律"。

第五节　体育硕士案例教学的价值意蕴

一　理清培养目标：明晰学术型与专业型体育硕士培养的边界

培养什么样的人，是对体育硕士培养目标的终极拷问。《关于深入推进专业学位研究生培养模式改革的意见》提出："以职业需求为导向，以实践能力培养为重点。"体育硕士专业学位研究生教育以体育事业人才需求为导向，为我国体育事业发展输送合格体育教师、教练员、社会体育指导员及各类体育竞赛管理人员。体育是一项充满实践色彩的学科，其培养过程不是以理论为逻辑起点展开的"知识传授型"教学模式，而是以实践为逻辑起点展开的"职业和实践导向型"教学模式。

案例教学所依托的体育案例库，是实现体育学科经验共享的平台。体育案例中的事实情境、两难问题、解释理论、授课流程都已进行一定的规范化处理，为缺乏实践经验的理论型教师提供理解体育真实世界的可能；体育案例库、案例教学对校方从业人员的体育经验产生补偿效应，帮助其明晰培养目标，凸显专业型硕士的培养特色，明确领域方向；案例教学本身能为体育硕士知识和技能获取能力、实践研究能力、专业实践能力的培养提供支持。

二 改革培养模式：打通体育硕士课程、实践及论文间的壁垒

我国体育硕士培养模式一直将课程教学、教育实践及学位论文分割成不同的培养条块，看似层层递进，实则相互之间缺乏必要的沟通机制。而案例教学的优点在于其能游走于体育硕士的三个基本要求之间。

首先，在课程教学方面，体育硕士案例教学中的很多情境包含许多潜在的体育学科知识。这种创新教学手段，促进了核心课程建设，提高了学生理论联系实际的能力。其次，在教育实践方面，案例教学的真实案例能使体育硕士在进入实践场域之前，提前获得对实践工作的经验认知。这既能帮助他们在面对真实的实践场域时做出专业的行动与反思，又能帮助他们较快地形成"合法的边缘性参与"。同时体育硕士通过案例教学能够掌握基本的案例选取、分析及编制的步骤，将实践过程中对案例的采编作为改善教学实践日志案例匮乏的方法。最后，在学位论文方面，教学案例的采编能为体育硕士提供丰富的科研素材，并可用于分析具体问题的案例研究，从而形成体育硕士专业学位论文在个案研究方面的基础框架。由此可见，案例教学正是打通各要素壁垒，衔接体育硕士课程、实践及学位论文的重要通道。

三 设置核心课程：破解体育硕士能力本位课程建设的难题

当前的体育硕士核心课程设置过于理论化，授课形式趋同，课程的实践性与应用性难以落实。因此，体育硕士核心课程需破解共性，与培养应用型专门人才的高纬度目标保持一致，优化教学内容，创新教学方法。而案例教学能在不调整课程比重的前提下，增加理论课程的实践性，展现体育硕士课程特色。

事实上，案例教学也实现了对陈旧教学内容的革新。体育案例需要不断地编制与更迭，以改善当前体育硕士培养中老教材反复重讲，对时代变化中教学对象的特点、教材的适用性及体育工作场域的新环境了解程度不够的问题。此外，案例教学还是对体育硕士培养中教学方法的一种调试，突破了传统教学方法过于强调主体与客体之间的关系的模式，运用一种多样态的教师与学生、教师与自我、学生与学生、学生与自我之间主动交换的教学过程，兼顾教学过程的个人认知与共同体认知，加强学生的专业情感与意志，加深其对体育专业知识的认知。

四 强化学位论文：改变体育硕士专业学位论文的学术化倾向

案例教学能够改变学位论文的学术化倾向，体现体育硕士专业学位论文的特性。当前，我国体育硕士学位论文的形式基本趋同，全国专业学位研究生教育指导委员会编著的《专业学位类别（领域）博士、硕士学位基本要求》中提到，"案例分析报告"是体育硕士专业学位论文的形式之一。事实上，案例教学并不是一种单一的教学方法，其中的案例采编、案例研究及案例汇报也是学生学习的基本内容之一，这些技术性的内容经常与常规研究方法及核心课程融汇在一起，共同构成案例教学的理论性部分与技术性部分。在理论性部分，案例教学教会学生反思体育真实情境中的问题与现象，促使体育硕士形成专业反思的能力；在技术性部分，体育案例选取并分析能为体育硕士论文提供必要帮助的案例研究材料，教会学生规整资料与分析资料，培养体育硕士的科研素养，并帮助其形成特有的个案研究范式。

第二章
我国体育硕士案例教学模式的构建

第一节　模式构建的理论基础

一　建构主义理论

建构主义代表人物皮亚杰曾经说过，"认知的获取必须用一个将结构主义与建构主义紧密连接起来的理论来说明，而心理发生就是从一个初级的认知结构转化为一个较'复杂'的认知结构"（皮亚杰，1981）。纵观建构主义在教育学科中的发展，可以发现：维柯的"新科学"、康德的"哥白尼式的革命"、杜威的经验自然主义是建构主义的哲学源头；皮亚杰的儿童认知发展理论、科尔伯格的道德认知结构、维果斯基的文化历史发展理论是建构主义理论的典型代表；支架式教学、抛锚式教学、随机进入教学是基于建构主义教学模式发展出的较为成熟的教学方法；走出教师中心误区、提倡教学活动的交往对话、创设教学环境的情境性、推动教学设计的多样性是建构主义理论的主要观点（何克抗，1997；高文等，2008）。

案例教学强调学习主体形成以问题为中心的教学策略，普遍通过两难困境来拷问学习主体原有的认知结构，激活学习者对知识、经验、情境的重组，使其主动构建应对策略。案例教学过程涉及案例获取、案例分析、案例研究、案例陈述等，需要学习主体在现实情境与抽象理论之间进行转换。因此，建构主义理论对案例教学的意义在于：第一，案例教学使学生建构的知识具有"潜在意义",这种知识的形成需要与学生已获取的知识进行交互作用;第二,案例教学所设置的教学环境让学生具有"正向心力",帮助学生从原有的知识建构中提炼恰当的"认知",并与之前的经验、知识进行同化。正如舒尔曼(2007)所言:"案例教学中的学习,从最初的经验到复杂经验并将教学事件理论化,需要经过行动、反思、合作及共同体四个心理过程。"(见图2-1)

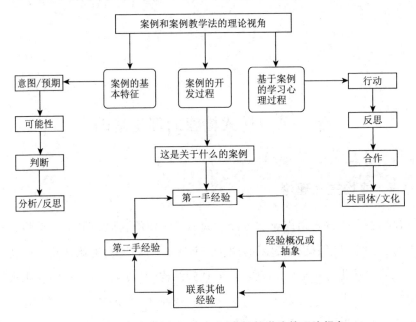

图2-1 舒尔曼(Shulman)案例教学法的理论视角

建构主义理论为案例教学提供了以下四点教学理念。

理念之一:案例教学需要以学生为中心。学生在思考时,能在"案例"的认知过程中主动构建知识结构。而在案例教学的过程中,学生沿袭自主探索、发现与构建的学习过程,教师扮演引导者,在创设不明确答案的前提下,把学生的注意力引向那些案例中被忽视的要素,从而使学生在案例的学习中提前获得对真实维度的认知与经验积累。

理念之二:案例教学需要以案例问题解决为教学要求。案例中的问题常常充斥着很多不确定性,使灌输学生确定知识的传统教学方式无法在案例教学中使用。案例中的情境一直不断"翻转",当案例中的某些特殊情境介入或干扰时,继续使用书本上的知识会使学生变得无所适从。这促使学生由传统思维逻辑转变为依靠自我思考方式来解决案例问题。

理念之三：案例教学需要互动学习理念。激进建构主义的代表人物恩斯特·冯·格拉塞斯费尔德（2017）认为：我们看到别人做什么，我们听到别人说什么，这不可避免地影响到我们自己做什么和说什么，更重要的是，这对我们的思想产生持续的影响。基于建构主义的案例教学注重学生之间的合作与协商，在教学过程中，学生对案例中不确定"情境阻力"的适应，正符合个体对社会真实事件的理解与表达。

理念之四：案例教学需要全新的评价理念。建构主义的评价观包含目标自由、真实任务、知识建构、经验建构、情境驱动等多个目标维度。这些目标维度使案例教学呈现量化评价与质化评价相结合、形成性评价与终结性评价相结合、科学评价与人文评价相结合的多元化评价标准（孙军业，2004）。首先，案例教学的全新评价方式需要教育工作者改变传统评价观念，允许学生"成长期"的存在。其次，这样的评价方式对案例教学的授课教师提出不小的挑战。教师需将以往对课堂环境的控制力变为引导力，并去适应全新的评价体系。

二 行动科学理论

行动科学是由科特·勒温发展起来的一项行动研究，后经阿吉里斯与舍恩的发展（2008），逐渐形成较为系统的研究，被看作一门探索人类相互间的行为是如何被设计并付诸行动的科学。在行动科学看来，行动理论包含"信奉理论"与"使用理论"。信奉理论是行动者内心遵从的理论，使用理论是行动者实际行动时所采用的理论（刘益栋，2017）。行动理论试图揭示知识在认识上的区别，即一种所谓的有用知识与将有用知识应用于日常的知识之间的辩证。行动科学使用"行动中反映"（the reflection-in-action）来表示对技术理性的质疑，以及对实践性知识的反思。实践性知识内嵌于实践场域之中，是个人知识与情境交互作用而产生的关于真实实践的理解，同时只有被置于其发生的情境中才能被理解。舍恩的实践认识论、波兰尼的个人知识、康纳利的个人实践性知识都是实践知识理论的代表。所谓实践知识就是实践者在实践过程中累积起来的，直接用于实践的知识。"行动中反映"是专业实践者就复杂情境的突发性问题做出现场反应和实践的能力，是提高专业效能的实践理论。行动科学对案例教学模式的构建体现在案例"话语"通过关注、理解、建构、实践性知识，生成并转换为学习者"话语"（见图 2 - 2）。

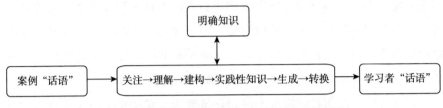

图 2 - 2　案例中习得实践性知识的行动科学视角

由此可见，行动科学对案例教学的推广具有重要的解释功能。

解释之一：案例教学是对"使用理论"的探索。

行动科学认为，专业教育的中心任务在于对已知知识的构建，是优秀实践者在处理实际问题时表现出的洞察力、价值观和行动策略。案例教学一直致力于使用真实情境的案例，将学生带入其中分析问题、解决问题，从而培养学生运用理论解决实际问题的能力（唐世纲，2016）。其让学习者通过"行动中反映"来构建自己对于案例的认识，并与内心遵从的理论进行比对，获得专业领域认知的提升。案例教学有利于学习者通过"使用理论"来获得技术知识，成为行动科学所指的"反映的实践者"（reflective practitioner），而案例教学的课程情境与行动科学中的"反映性实践课"（reflective practicum）类似。

解释之二：学习者获得实践性知识对探讨案例教学极为重要。

首先，案例教学的知识学习是一种程序认知，是对"知道是什么而不是知道如何"教学瓶颈的突破。案例本身是教学叙事评价的表现形式，教育早期一些缺乏明显理论指导的课程基本以"实战课"的形式出现，目的在于培养学生思考实务的能力，这些教育形式符合布鲁纳的"叙述性认知"（张民杰，2006）。通过案例教学所获得的实践性知识避开了命题性知识将复杂实务过于简单化的缺点。

其次，通过案例教学所获得的实践性知识是连接理论与行动的中间环节。实践者之所以拒绝理论而满足于个人经验，并非他们不懂理论的价值，而是因为他们缺少从理论到经验的中间环节（刘良华，2015），这个中间环节正是赫尔巴特所指的"机制"、亚里士多德所指的"实践智慧"、康德所指的"判断力",即实践性知识。传统教育内容并不能符合大部分人的情感与审美需求,这种意志受兴趣与道德所支配,案例教学恰恰给学习者提供一个展现个人意志的平台,使学习者从"自然人"转变成"自由人"成为可能。

最后,行动科学倡导的案例教学,以实践性知识的互动形式帮助学生从旁观者知识观向参与者知识观转变。学习者在与案例的互动中形成的经验是验证学习者是否效仿案例行动的依据,而非行动的结局(杜威,1997)。案例教学帮助学习者从"静观者"转变为"行动者",学习者作为案例的参与者,介入案例情境中,既与案例内容进行互动,也与案例对象进行角色交互体验,在这样的互动中,学习者重新获得对世界的认知。正如杜威(2005)所指的那样,当这种交互作用在一种明确的案例方式中被控制时,学习者便认知了新事物。

三 后现代主义理论

后现代主义原本用于描述与解释建筑学设计风格上是否具有普遍性或背离性,后被移植到文学、艺术、社会学、教育学等诸多领域(赵光武,2000)。后现代主义进入教育研究领域基于西方进入后工业社会的背景之下,是对以现代主义为代表的课程或教学观的一种批判,其基本观点为教学目标上的非预设、教学内容上的不确定性、教学过程的实践性、教学评价的开放性(丛立新,2013)。从本质上来看,后现代主义所倡导的是学习者在保持实践活动的同时,完成对具有实践场域文化、困境及价值取向特征的知识的建构(衷克定,2011)。由此可见,后现代主义主张的教学充分肯定了学习者在个人知识储备中保留的经验性知识,并认为这种知识形态非常重要。

案例为学习者提供了一个启发其思考的真实教育情境,这一教育情境中包含着人与人、人与事之间的复杂关系,存在很多特定情境下才会发生的疑难问题。从案例情境来看,这些矛盾冲突具有针对性;从教育现象本身来看,这些矛盾冲突又是普遍存在的。因此,案例教学的具体学习形式能够帮助学习者形成一种在未来工作场域中面对问题情境时,自然而然产生的策略性知识与实践智慧。

此外，案例教学的课程开发符合后现代主义的基本理念。案例教学过程的结构要素并非固定不变，其变化既体现了案例背景的复杂性，也体现了案例背景的真实性。案例教学将授课本身视为一个开放的系统，课程不再是教师与学生之间的固定组合，有时案例教学还会将案例主角请到教学现场，评价学生提出策略的可行性，分析实际应用过程中会遇到什么阻碍。这样的课程特点既有利于激发学习者内在认知的重组，培养学习者的内在自发性，也有利于弱化教学中教师观点的权威性，为多元价值观的形成提供基础。

四 案例推理理论

在认知科学领域，案例推理理论（Case-Based Reasoning，CBR）是一种认知模型，其在认知科学领域被广泛用于人类在案例基础上解决问题的认知过程。通常，案例推理理论将人设定在这样一个情境之中：当一个人遇到不曾遇到的困难与问题时，往往首先回忆过去已有的经验记忆（一些相似事件中的处理经历），尝试从以往的经历中获得针对当前问题的解决办法。案例推理理论将这些过去的经历与经验记忆作为"案例"。不难发现，案例推理理论反映了人类在解决当前问题时所展现出的类比推理过程。案例推理强调案例知识的经验属性，认为被用于推理的基础案例具有典型性、情境性及实践性。毫无疑问，案例推理的经验学习观对体育硕士案例教学模式的构建具有重要意义。

案例推理的经验学习观强调以案例为基础的"经验学习循环"，通常采用 Aamodt 和 Plaza（1994）提出的 4R 模型：案例检索（Retrieve）、案例重用（Reuse）、案例修正（Revise）和案例保存（Retain）。此外，有时会根据求解实际问题的需要将 4R 模型扩展为 5R 模型，多出的为案例表示（Represent）。但无论哪种推理模型，都展现了一种基于案例进行问题解决并不断推理的过程。通常，4R 模型被普遍应用于经验学习环境的设计、决策方案的产生、动态学习模型的构建、学生认知能力的改进等。例如在决策方案上，产生了案例库决策理论 CBDT（Case-Based Decision Theory），CBDT 与 CBR 的区别在"R"（Reasoning）与"D"（Decision）上，CBR

仅从案例库中调取以前使用过的与该问题类似的案例来解决问题，而 CB-DT 会在此基础上考虑案例的实施效果。具体来看，CBDT 首先对所调取案例的相似度与实施效果进行综合效用分析，再从中得出解决问题的方案（见图 2 – 3）。

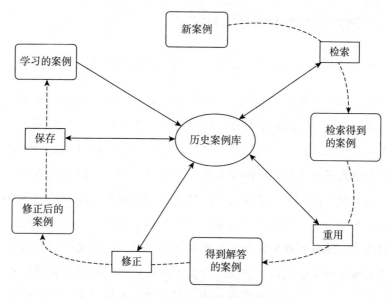

图 2 – 3　CBDT 的经验学习循环

事实上，案例推理理论为我国体育硕士案例教学模式的构建提供了一个基于案例学习的支持框架。我国体育硕士案例教学的"教"与"学"都要经过案例检索、案例重用、案例修正和案例保存。其中，案例检索是指当遇到新的问题时，根据新问题的相关信息从案例库中检索出与之相似的源案例集。案例重用是指将检索出来的相似源案例中的解决方案用于解决当前问题（目标案例），并观察其应用效果，如果完全符合就不必进行案例的调整。案例修正是指根据案例重用的效果，并结合当前问题，对检索到的相似源案例的解决方案进行调整，使其适用于解决当前的问题。案例保存是指将进行过修改与调整、满足目标案例需求的完整的新案例作为源案例并存入数据库，以备将来使用（李永海，2014）。

第二节 模式构建的经验基础

一 国外体育案例的基本特征

（一）国外体育案例的选择与分析视角的确定

国外尚无专门的体育案例库，体育案例基本收藏在其他学科的案例库中，因此，对世界案例教学研究与应用协会（WACRA）、美国国家科学案例教学中心（National Center for Case Study Teaching in Science，NCCSTS）、哈佛大学教育研究生院、哈佛大学商业出版社、加拿大西安大略大学毅伟商学院等的相关案例检索网站，以"Sports""Sports Science""Physical""Physical Education"等为关键词进行案例检索，共显示892个案例。

事实上，体育学科的案例并没有这么多。第一，哈佛大学教育研究生院、哈佛大学商业出版社、加拿大西安大略大学毅伟商学院及美国国家科学案例教学中心在实现案例共享后存在很多重叠案例；第二，检索出来的很多案例与体育学科的相关性不大，针对性不强；第三，不少体育案例材料本身存在缺陷，有些案例未列举明确的"教学目标""摘要""案例要素信息"等。

综合筛选，本书最终确定了126份国外案例库中的体育案例，并将这些体育案例文本导入NVivo 12软件进行量化与质化相结合的分析。在体育案例特征分析方面，本书主要从案例的"标题类型""功能取向""内容属性""特定目的""长度"及"适用领域"等六个方面进行分析。在案例核心要素的结构体系分析方面，本书以扎根理论编码为基础，对所筛选的典型体育案例进行编码，进而探索其案例内容的核心类属，以便为我国体育案例的发展提供经验借鉴（见附录7、附录8）。

（二）国外体育案例基本特征的分析

从表2-1可以发现，国外体育学科教学案例总体呈现如下分布：

第一，从案例标题类型来看，主题概括式标题（31.75%）与多层断续式标题（23.81%）较多，而警句告诫式标题（3.17%）数量较少。但数量少并非代表案例质量差，事实上问题导向较强的案例，一部分为设问求解式标题（11.11%），另一部分为暗喻关联式标题（16.67%），这些标题通常显示了问题与主题之间的隐喻关系。

第二，从案例功能取向来看，实例启发取向与思考反省取向的案例数量基本持平（52.38；47.62%），但前者的统计结果略多于后者。国外体育教学在重视两者协调发展的同时，往往倾向于通过较为完整的案例过程启发学生，而引导学生通过反省自我建构理论的情况相对较少。

第三，从案例内容属性来看，超半数案例为说明型与应用型案例（共55.56%）。国外体育案例内容基本详细描述了体育事件的过程，提出具体措施与任务要求，为学生分析案例提供较为翔实的线索。当然，删减一些背景，只保留案例事件前后因果的事件型、冰山型体育案例也不在少数。可见，体育案例内容兼顾对学生反思能力的培养。此外，凸显事件角色之间互动的体育案例并不多，案例内容的数据信息不丰富，相应的对话型及数据型案例分别只有7.93%和8.73%。

第四，从案例特定目的来看，特定主题案例略多于特定学习对象案例（54.76%；45.24%），可见，国外体育案例并未在以上两种目的上出现显著偏差。

第五，从案例长度来看，国外体育案例以中型案例居多（45.24%），其次是小型案例（33.33%），大型案例最少（21.43%）。大型案例中不乏35页以上的超大型案例，小型案例数量并非最多，但也占总数的1/3，这也验证了事件型案例数量在"案例内容属性"类别中趋于中等的表现。

第六，从案例适用领域来看，介于国外只有科目或指定教材上的划分，没有体育学科适用领域的划分，本书以体育硕士4个培养领域的核心课程内容为依据，结合所搜集体育案例的摘要、学习目标及内容进行分析。其中，竞赛组织与管理、社会体育指导领域的案例占大多数（共73.81%）。体育教学领域占16.67%，运动训练领域仅占9.52%。其实，竞赛组织与管理、社会体育指导两个领域的案例选题具有一定的相似性，正符合案例教学在管理、法学等学科领域频繁使用的现实情况。运动训练领域案例以运动过程的生理变化、运动损伤监控为主，而运动训练的过程监控、负荷安排、周期计划等方面的案例并不多见。

表 2-1　国外体育学科教学案例分布情况

单位：个，%

类别	构成	数量	百分比
体育案例的标题类型	暗喻关联式	21	16.67
	多层断续式	30	23.81
	范例式	17	13.49
	警句告诫式	4	3.17
	设问求解式	14	11.11
	主题概括式	40	31.75
体育案例的功能取向	实例启发取向	66	52.38
	思考反省取向	60	47.62
体育案例的内容属性	冰山型	16	12.70
	对话型	10	7.93
	事件型	19	15.08
	数据型	11	8.73
	说明型	35	27.78
	应用型	35	27.78
体育案例的适用领域	竞赛组织与管理	48	38.10
	社会体育指导	45	35.71
	体育教学	21	16.67
	运动训练	12	9.52
体育案例的特定目的	特定学习对象案例	57	45.24
	特定主题案例	69	54.76
体育案例的长度	大型案例（>20页）	27	21.43
	中型案例（10~20页）	57	45.24
	小型案例（<10页）	42	33.33

二　国外典型体育案例核心要素的结构体系

上文仅依据既定的分析框架对检索到的国外体育案例进行定量分析，未对案例内容进行质性分析，尤其是如何从体育案例内容的核心要素中，揭示案例与体育人才培养之间的关系。因此，有必要对国外典型体育案例核心要素进行分析，从而为我国体育案例的采编、设计与整体布局提供思路。本书挑选了 20 份国外典型体育案例，从结构合理性、内容完整性、教学目标翔实度等方面进行分析（见表 2 - 2）。

表 2 - 2　国外典型体育案例在 NVivo 12 中的编码汇总

序号	案例名称（Translated）	编码	参考点
1	"肌肉男"：令人惊讶的收缩案例	68	186
2	3041 英里自行车道及人体机能的提高	53	173
3	大型田径比赛前夕的性别检查	66	208
4	对受伤武术家做出的明智诊断	26	66
5	高中冰球运动课上的损伤	35	164
6	高中运动员的膝盖康复	62	250
7	户外运动迷路后，身体遇冷的应对准备	20	82
8	花样滑冰运动员参赛前夕的健康控制	49	241
9	角色扮演与户外体验	121	795
10	了解跑步过程中的肌肉酸痛	113	623
11	帕森滑雪坡发生泄漏	37	174
12	跑步中身体如何维持水平衡	49	135
13	体育比赛中的致胜关键：动机、控制源和自我效能	55	185
14	体育教学善款投资与孩子肥胖改善	50	297
15	我差点错过马拉松	55	251
16	稀薄空气对登山运动者生理系统的改变	27	113
17	运动潜水导致的中枢神经系统损伤	51	144
18	运动型渔民与拆除河坝之间的冲突	28	111
19	长跑过程中心率过快的原因分析	142	554
20	足球生涯与大脑创伤	73	344

将这 20 份案例导入 NVivo 12 软件，采用扎根理论的编码方式，对体育案例文本内容进行逐句编码，并形成节点。再对编码进行比较分析，从中总结出国外体育案例核心要素的 10 个范畴：体育专业知识、体育专业研究、体育专业思维、体育专业认同、体育职业情境、体育职业交涉、体育职业操守、终身体育学习、个人体育眼界、创新体育品质，即二级编码。

再在已有编码的基础上进一步分析，梳理出最终的编码体系（见表 2-3）。为减少编码者在编码过程中的主观性，在保持原有编码节点的前提下，邀请另外一名熟悉该领域及 NVivo 12 软件的编码人员进行编码，最后使用软件中的编码比较功能分析编码之间的 Kappa 值，结果均大于 0.810，表明编码具有较好的一致性。

表 2-3　国外典型体育案例核心要素编码

	范畴	文件	参考点
专业性	体育专业知识	19	321
	体育专业研究	11	47
	体育专业思维	18	61
	体育专业认同	9	29
职业性	体育职业情境	19	128
	体育职业交涉	9	21
	体育职业操守	14	20
成长性	终身体育学习	8	25
	个人体育眼界	17	60
	创新体育品质	5	11

从现有案例文本材料的质性分析结果来看，NVivo 12 中的父节点"专业性""职业性""成长性"实际上展现了国外典型体育案例采编的逻辑起点。其实，有关案例采编来源始终存在这样一种争论：案例教学采编的现实起点到底是先有教学目标，还是先发现案例素材，进而启发学生开展针对性的案例问题设计。观察案例教学整个大的闭环就能发现：虽然案例教学的教学目标和案例素材的特点有所不同，但都是以体育专业学生为中心。因此，本书根据实际文本材料的分析结果，确定了体育案例核心要素的结构体系。图 2-4 展示了国外典型体育案例核心要素的结构体系，即通过"专业性"、"职业性"及"成长性"三个方面的相互协调，促进高质量体育应用人才的培育。

（一）国外典型体育案例核心要素之一：专业性

国外典型体育案例采编注重案例的专业性，专业性涉及体育专业知识、

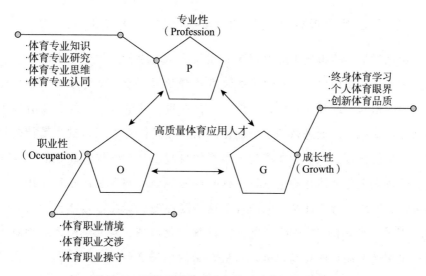

图 2－4 国外典型体育案例核心要素的结构体系

体育专业研究、体育专业思维、体育专业认同。体育案例十分注重体育专业知识的呈现，其次是体育专业思维的培育，尤其是体育专业思维的独特性培育。例如运动比赛过程中吊射、扣杀等临场技能反应，充分体现了体育运动瞬间身体运动智慧的创造性表达。体育案例还注重体育专业研究方法的习得以及体育科研意识的培养。此外，在案例中培养体育专业认同依然具有不可忽视的作用，体育专业认同是时下促进学生投身体育行业的元问题。

（二）国外典型体育案例核心要素之二：职业性

体育专业知识终究要运用到职业中，体育专业认同终究要与职业产生碰撞，体育专业研究终究要适用于职业情境。国外体育案例在内容上十分关注体育职业情境的讲述，尽量让学生（尤其是没有体育工作经验的学生）在学习过程中总能对案例所描述的体育职业情境有所"意外"，进而让学生更加清晰地认识体育职业情境，做出正确的认知判断并使用专业知识。同时，以道德为基础的体育职业操守和以对话为主的体育职业交涉，在国外典型体育案例中同样占据一定的比重，它们也都是体育案例不可缺少的核心要素。

（三）国外典型体育案例核心要素之三：成长性

案例对学生的影响不应停留在课堂前后，还应关注学生未来的个人发展，国外体育案例也关注对学生的终身体育学习、个人体育眼界与创新体育品质的培养。综观这些体育案例，其在体育人才的成长方面主要有以下两点作用。第一，促进以学生个性化发展为主的体育意识与批判精神的形成。这里的体育意识是指能清楚觉察到的自我已具有的体育经验的主观表达。体育意识分为体育理论意识与体育问题意识。两者往往相互作用，是体育硕士形成独特辩证逻辑的前提。这些隐性的意识往往是体育职场中一些"老手"所谓的"经验""绝活"的理论化展现，毫无疑问，这种意识通过案例教学能在体育硕士进入对应领域的职场之前被埋下。第二，促进以学生社会化发展为主的体育职业岗位对接的认同感获得。体育教学案例给学生提供认识真实工作场域的机会与容错的"安全阀"，让学生尽可能尝试提出更多的解决方案。

综上所述，国外体育学科教学案例利用专业性、职业性及成长性三个核心要素组成的结构体系，将经典课堂与现实体育世界联系起来。其实，引导学生理论联系实际，进而促进学生发现问题、分析问题、解决问题，并非国外体育教学案例的最终目的。通过体育案例呈现体育情境，将学生置于中心地位，关注学生在体育专业知识、体育专业研究、体育专业思维、体育专业认同、体育职业情境、体育职业交涉、体育职业操守、终身体育学习、个人体育眼界、创新体育品质等方面的协同发展，才是国外体育案例致力于培养高质量体育应用人才的关键。这也为我国体育学科教学案例采编提供一定的借鉴，即不仅要关注体育案例编撰时体育问题的设置与呈现，更要关注体育问题本身的学习能否使学生在体育专业性、职业性以及成长性等方面有所提高。

三　哈佛大学商学院 MBA 案例教学的实践经验

（一）哈佛大学商学院 MBA 案例教学的宏观架构

培养有责任感、有道德的公司总经理一直是哈佛大学商学院的目标定位。学院每年招收 750 名两年制 MBA、30 名 DBA，由于所招收学生的背景存在差异，哈佛大学商学院将学生分为 A、B、C 等多个不同代号的班级，在保持学生个人特点的基础上，有针对性地设计课程内容。哈佛大学商学院 MBA 的课程设置为第一年基本是必修课，第二年基本是选修课，由于学院规定了案例教学必须在必修课上使用，因此其案例教学基本在第一年里完成。一般每周有三次课使用案例教学，课程总时长为 80 分钟，学生的课前准备时间一般为 3~4 个小时，其中涉及案例事件的材料补充、解答对策的理论依据、案例汇报的文案书写等。

哈佛大学商学院 MBA 案例教学在课程覆盖比、每学期学习的案例数、案例覆盖群体方面呈现"8"字特征。其中，在整个管理学授课课程中，有 80% 的课程使用了案例教学，所构建的案例库（HBS Case）校级别合作单位覆盖全球 80% 以上的商学院。同时，要求学生在校期间完成近 800 个案例的阅读，每节课的授课时长大约为 80 分钟，案例授课教师一学期内不能有超过 80% 的时间待在学校，必须与对接的外界单位建立兼职联系（李征博等，2018）。

围绕知识来源、学习内容、学习效果构成的独特作用机制是哈佛大学商学院 MBA 案例教学成功的基础（见图 2-5）。在知识来源方面，哈佛大学商学院 MBA 案例教学基于交往教学理论，知识来源不再是教师单向度的授予，学生同样具有生产知识的能力；在学习内容方面，由原来的陈述性知识转变为程序性知识，这种教学效果的迁移现象，让面对复杂管理情境的学生能够从案例学习中实现决策模式由非程序化向程序化的转变，大大提高了决策效率（埃利特，2009）。

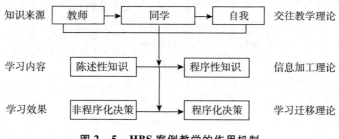

图 2-5 HBS 案例教学的作用机制

（二）哈佛大学商学院 MBA 案例教学的微观审视

1. 有效案例教学准备的三个要素

第一，确立学习目标。提出学生在知识深度、能力培养方面的具体要求。

第二，教师角色扮演的成功程度。这与课堂话题探讨的热情程度、课堂节奏的把控、教师知识与经验的有效导入有关。

第三，教师课堂导入的有效性。在课堂启示阶段如何激发学生产生强烈的讨论意识与观点共鸣，或者使他们超越对前一次课的热情，这些都离不开教师角色与行为的转变。

2. 案例教学授课时的注意事项

与其他教学机构相比，哈佛大学商学院 MBA 案例教学更能让学生获得认同感。这种差异一方面来源于课前准备中预留的向导性问题，另一方面来源于 MBA 案例教学过程没有固定的形式，学生无论主动还是被动，都会被整个教学环境所带动，就连教师也要时刻应对预期之外的变化。如表 2-4 所示，课堂上，教师有时会"唱反调"，促进学生的案例讨论；有时会提出概念框架，邀请学生使用框架来组织自己观点；有时会提供案例材料中不曾出现的信息来降低案例学习的难度；有时会在黑板上组织并记录学生辩论的主要观点，帮助学生达成共识。

表 2-4　哈佛大学商学院 MBA 案例教学过程与其他机构的差异

差异	哈佛大学商学院	其他机构
整体差异	学院对案例课程的普遍认同	部分学生认为案例教学不算规范教学，没有太多的认同感
课前准备差异	预设问题引导案例教学课堂发言与讨论；案例材料中的很多预留问题属于课前的引导性阅读材料	预设问题时常不足，案例的预留问题往往成为上课的主要讨论点
课堂组织差异	没有固定的教学方法和讨论；以学理框架为支撑，让学生"唱戏"而不是"看戏"	教学模式相对固定，学生普遍存在"看戏"心理

提问（Questioning）是哈佛大学商学院 MBA 案例教学的授课特点之一，提问本身并不能孤立存在，其与倾听（Listening）、回应（Responding）共同构成案例教学过程的重要元素（崔建霞等，2018）。倾听指教师在案例教学过程中，要主动聆听学生的回答，鼓励学生进行讨论。回应指教师对学生讨论的问题，不需定下基调，以免形成具有指向性的暗示，但又要避免因回应太少而使得讨论过程完全失控。

显然，提问的重要性促使哈佛大学商学院 MBA 案例教学提炼了有关提问的三种方式：第一，从一个探讨点开始（Starting a discussion pasture），即要求学生对案例中某些问题或具体事件的行动过程进行评估、诊断或提出建议；第二，跟进（Following up），即教师回应学生的评论，通过引导的方式，让学生的探究更为深刻，并逐渐要求周边更多小组进行开放式讨论；第三，过渡（Transitioning），即从一个讨论点过渡到下一个讨论点时，要检测学生已形成的认知情况。

3. 案例教学的课堂讨论评价

从课堂流程评价方面来看，对案例教学课堂开始的评价包括时间的准确性、案例内容的恰当性、学生讨论兴趣的激发程度；对课堂之中的评价包括学生在不同讨论区之间的变换是否存在清晰的交替逻辑；对课后的评价包括目标的达成情况以及学生是否在已有的经验基础上获得突破。

从个人评价方面来看，一方面，评价关注教师的准备充分与否、信心饱满程度、上课激情、有无刻意打断学生、是否容下不一样的观点、如何有效地促进课堂讨论、教学设备的使用情况、肢体语言的表达程度等；另一方面，关注学生的准备情况、讨论过程是否积极参与、案例陈述质量、个人知识与经验展示的程度等。

四　毅伟商学院案例教学的实践经验

目前，除哈佛大学商学院外，国际上经典的 MBA 案例教学实施机构当属加拿大西安大略大学毅伟商学院。随着学院案例采集数量的不断扩充，毅伟商学院每年产出的新案例由 200 项变为 400 多项，年产案例数量基本与哈佛大学商学院持平。从学科类别来看，案例囊括会计、金融、信息系统、市场营销、组织运行、国际关系等 10 多个学科；从案例的主题来看，案例囊括收购、中国在美公司、亚太管理、农业综合企业、气候变化、电子商务等 30 多个主题；从案例覆盖的行业来看，案例囊括住宿、餐饮、行政、农业、林业、教育服务、房产等20多个行业;从案例的受众群体来看,除 MBA 之外,其他学科的研究生、本科生都有接受案例教学。

事实上,毅伟商学院在校本案例库建设方面,凭借独特的"案例采编、案例教学、案例学习"三位一体的教学模式,充实了案例库的内容与结构,并不断与国外相关机构进行对接,成为仅次于哈佛大学商学院的世界第二大企业管理案例出版者与发行者(路易斯,2011)。

(一)毅伟商学院案例采编的经验

1. 明确有效性案例采编的目标

毅伟商学院将案例质量、数量、成本、及时性与连续性视为有效性案例采编的主要目标。案例质量与案例原创程度、附属资料的翔实程度、案例故事线的思路、案例编写的架构有关。毅伟商学院用于教学的案例长度一般在15~20页,并且他们坚信对案例内容进行长度上的要求,是保证案例有效性的前提。案例采编所付出的时间与资金成本是学院对入库案例给予经费支持的主要参考。此外,案例采编的及时性往往与时下焦点议题有关,而采编的案例需进入课堂教学以保持新鲜度。同时,案例本身是一件悬而未决的事情,案例采编所具有的持续性,都在为案例采编的良性循环做铺垫。

2. 明确案例采编的难度设定

关于案例难度的设定,毅伟商学院从分析、概念、陈述三个维度构建了案例难度立方模型,每个维度按照难度又可分成1~3三个级别(见图2-6)。

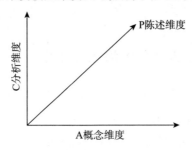

图2-6 毅伟商学院案例难度的三个维度

例如一个案例难度为 [1,1,1],分别表示该案例在分析、概念、陈述三个方面的难度级别都是1级,以此类推可构成27种不同的难度模型。从教学角度来看,教师在进行案例教学前,会先对案例进行难度判定,再考虑具体的教学计划；从案例编写的角度来看，案例难度模型既能帮助采编者根据教学目标的重难点进行案例难度的差异区分，又能充当案例采编者与贡献者之间的沟通桥梁。

3. 规划案例采编的三大阶段

第一阶段主要涉及采编案例的决定、计划及与案例贡献者的对接。此阶段主要为案例采编做准备，在整个案例采编三大阶段内耗时最短，采编者对课程的认知、对热点问题的关注以及对周边事物的好奇心决定了采编案例的初始材料。

第二阶段耗时最久。采编者一般以访谈的形式进入案例场域，围绕访谈资料建立数据集合并编写案例初稿。之后，围绕案例故事线进行构思与整合，对配套的案例材料进行修改与资料添加。同时，需向案例贡献者取得案例使用许可。

第三阶段围绕所授课程的教学目标，对案例初稿添加"案例使用说明"与"相关附录"。为验证案例的效果，毅伟商学院一般将新案例的应用对象定为已有案例学习经验的学生，通过课后访谈与问卷的形式考察新案例的教学目标完成度、案例质量及教学满意度，为案例的进一步修改提供依据。

（二）毅伟商学院案例教与学的一体化

毅伟商学院经过多年的实践，形成了案例教与学的一体化模式（见图2-7）。

案例教学模式的内核是案例学习"主题"。学生需要依托案例课堂展开从个人到团队再到个人的案例学习过程。环绕模式内容的外圈是案例学习的操作程序，"案例准备图表"和"案例难度立方体"是案例选取的重要手段，而个人准备与组间讨论是实现案例学习闭环的主要方式。

案例教学模式的外围是案例教学的工具与主题层。从工具层面来看，教学建议书、案例教学计划、贡献方格、参与诊断指南分别对应准备、教学、评价、反馈四个方面的案例教学过程；从主题层面来看，先决条件、课程计划、备课等是案例课堂流程的微观要素。

案例讨论是毅伟商学院案例教学课堂的主要流程，其在整个案例教学课

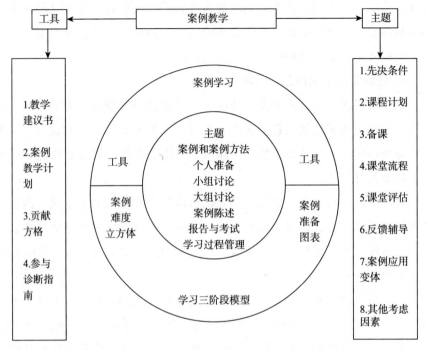

图2-7 毅伟商学院案例教与学的一体化模式

程中所占时间最长，普遍在60分钟以上。在案例讨论前，教师会布置一些准备性活动，介绍案例的主要背景，讲解案例中可能涉及的基本概念与原理，为案例讨论做准备。为了方便学生的案例讨论及课前准备与学习，毅伟商学院为MBA提供了案例学习流程图（见图2-8）。

综合来看，毅伟商学院独特的案例采编、案例教学、案例学习三位一体的案例教学模式，帮助教师合理理解案例教学本质规律，探索案例教与学相整合的实践经验，为我国案例教学与案例开发提供了可借鉴的参考。

图2-8 毅伟商学院案例学习流程

五 哈佛大学教育研究生院案例教学的实践经验

案例教学在教育领域的使用相对较晚。在众多教育实践的先行者中，哈佛大学的凯瑟琳·K.梅赛思最早在教育领域引入与倡导案例教学，并成为世界公认的教育管理领域的案例教学专家，她认为在职前教师教育课堂中运用案例教学十分具有挑战性，毕竟"一个结构不良的教育实践领域"很少有正确或错误的答案。正因如此，哈佛大学教育研究生院提出了创设案例"工具箱"及丰富教育学科案例教学的六项基本法则。

（一）创建自我的教育案例：哈佛大学教育研究生院的案例"工具箱"

哈佛大学教育研究生院尝试将案例教学与学校的家庭研究项目（HFRP）相结合，探索将案例研究、案例教学、案例采集等引入家庭教育主题领域。同时，哈佛大学教育研究生院引入工具箱（Toolkit）机制，由包括案例主要人物在内的教育案例相关人物共同编写案例，并使用案例中的策略来发展实践场域。

为了给教育案例采编提供一个可行的参考框架，哈佛大学教育研究生院提出案例工具箱应该包括六个详细步骤：第一步，反思案例中主题人物一起工作的经历；第二步，确定人与人之间观点的差异，即错误匹配（mismatches）或沟通失灵（breakdown in communication）；第三步，概括案例中不同人物的信息，以帮助阅读者思考不同观点的背景；第四步，为教育案例制定事件时间表，并以合乎逻辑和有趣的方式概述事件；第五步，起草、修改背景故事或混淆叙述时间表；第六步，与他人分享教育案例。

从这些步骤中可以发现，哈佛大学教育研究生院在制定案例的最后一步时与其他学科的不同之处在于，教育学科特意提出分享案例在案例采编步骤中的重要性。在他们看来，案例来源于工具箱机制下的自我采编，采编者个人的失误和成功都将成为他人学习和提高见识的基础。

（二）摆脱讨论不充分：哈佛大学教育研究生院案例教学的六项基本法则

哈佛大学教育研究生院的案例教学大多基于学校与中小学的合作研究项目开展。实际上，学习者在案例教学过程中有时过于脱离叙事情境，很难识别或挑战课堂上出现的一些偏见。因此，哈佛大学教育研究生院使用六项基本法则来增加案例教学过程中的讨论，帮助学生更好地走出案例学习困境。

1. 打破坚冰（Breaking the ice）

打破坚冰是指在案例教学课程开始时让学习者相互了解，以倾听为主，使学习者熟悉案例中的一些主要问题。例如：一堂关于低收入家庭如何平衡就业义务的案例教学课中，教师会要求学生考虑为有孩子的家庭建立理想的预算，然后引入贫困收入门槛，并要求学生就保留或削减哪些预算项目做出艰难的决定。在课堂上，学生不得不仔细地思考这些问题，并具体了解低收入家庭的生活，从而着手处理此案例。

2. 井井有条（Getting organized）

井井有条是指案例教学中，学生分析案例过程的规则性和条理性。学生阅读完案例后，教师会要求学生借助表格或矩阵之类的可视化组织工具来单独或分组分析案例。例如要求学生重读案例，进一步确定案例中家庭的优势和需求，以及他们面临的教育机会和威胁。然后，学生可以将他们的想法放在一个分析矩阵中，并利用矩阵来帮助解决出现的问题。

3. 使用生活案例（Using a live case）

为了增加学生的情境感知，教师有时会考虑邀请案例主题人物或嘉宾（guest speaker）。例如：向全班学生介绍来自教师所在社区的某人（父母、老师或校长）正面临与学生文学阅读类似的家庭参与困境。学生聆听此案例，询问嘉宾问题，撰写备忘录（应对文件）以解决这一教育案例难题。

4. 表现出来（Acting it out）

表现出来是指通过角色扮演的方式，让学生根据行动体验制定方案。例如：由 2~4 个学生担任教学案例中的角色（老师、父母、孩子或辅导老师），坐在教室圆桌旁进行模拟会议，以表达他们想象的每个角色可能说的话。未选择角色的学生从旁边观察，记录角色扮演的进展，为课程评价提供反馈。

5. 直接与家庭之间产生联系（Working with families directly）

为了加强案例探讨的针对性，教师为学生提供与家庭直接合作的实践活动。例如：教师要求学生就合作家庭人物在学校的经历或对孩子学习方式的干预进行采访。根据案例中出现的主题制定访谈问题，听取与案例中特定问题相关但又不完全相同的故事，进一步了解教育情境中家庭参与过程的复杂性。

6. 在线讨论（Discussing it online）

哈佛大学教育研究生院有时会采用混合式的案例教学课程（常规案例教学与在线讨论相结合），但对于案例授课教师而言，提前阐明期望、结构和标准是帮助他们顺利进行混合式案例教学的前提。为此，哈佛大学教育研究生院提出建立教学案例在线讨论评价标准（Rubric for Teaching Case Online Discussion）（见图2-9）。

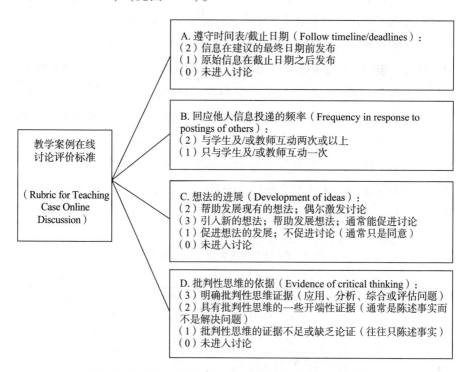

图 2-9　哈佛大学教育研究生院教学案例在线讨论评价标准
说明：括号内的数字是评分。

第三节　模式构建的现实基础

笔者在多次参与及旁听全国体育专业学位研究生教育指导委员会工作会议后发现，加强案例教学是体育硕士教学方式改革的重点与方向。因此，了解我国体育硕士案例教学的现状，是构建我国体育硕士案例教学模式的现实基础。由于前文已对问卷编制进行了论述（问卷见附录4），因此本节直接分析调查结果。

一 调查基本情况统计

本次调查回收的有效问卷共230份，调查对象全部为高校教师，主要调查了案例教学的认知与实施情况，并从人口学、高校层次及授课领域等方面进行差异分析。调查样本的基本情况如表2-5所示。

从性别分布看，男性教师129人，占56.09%；女性教师101人，占43.91%。从教龄看，调查对象的教龄多集中在6~20年，共占64.35%，可见调查对象多属于所在学校的中坚力量。从职称看，副教授人数最多，达到153人，占66.52%，教授与讲师人数基本持平。从导师身份看，硕导（非博导）人数最多，博导与非硕导人数基本持平。从所在高校类别看，此次调查的学校中体育类院校的教师人数最多，其次是师范类大学。从主要授课领域看，体育教学领域与运动训练领域人数接近，社会体育指导领域人数最少，仅占16.09%。

表2-5 调查样本的基本情况分析

单位：人，%

类别	构成	人数	百分比
性别	男	129	56.09
	女	101	43.91
教龄	2年以下	16	6.96
	2~5年	40	17.39
	6~10年	79	34.35
	11~20年	69	30.00
	20年以上	26	11.30
最高学历	专科	0	0.00
	本科	1	0.43
	硕士研究生	55	23.91
	博士研究生	174	75.65

续表

类别	构成	人数	百分比
职称	讲师	35	15.22
	副教授	153	66.52
	教授	42	18.26
导师身份	非硕导	35	15.22
	硕导（非博导）	153	66.52
	博导	42	18.26
所在高校类别	综合类大学	28	12.17
	师范类大学	85	36.96
	理工类大学	9	3.91
	体育类院校	104	45.22
	其他	4	1.74
主要授课领域	体育教学	65	28.26
	运动训练	73	31.74
	竞赛组织与管理	55	23.91
	社会体育指导	37	16.09

二　我国体育硕士案例教学认知的现状

(一) 体育硕士案例教学认知的总体情况

体育硕士案例教学认知的总体情况调查主要分为两个方面：对体育硕士案例教学的认知和对体育案例的认知。可进一步细分为：体育硕士案例教学必要性分析、过程认知分析、功能认知分析；体育硕士教学案例内容本身的真实性与完整性、包含的教育意义、教学素材的来源（见表2-6）。

表 2-6 体育硕士案例教学认知的调查情况

题项	分类	具体内容	同意程度				
			非常不同意	不同意	不确定	同意	非常同意
对体育硕士案例教学的认知	体育硕士案例教学必要性分析	案例教学是体育硕士专业学位研究生教育中的重要方式	0人(0.00%)	2人(0.87%)	94人(40.87%)	125人(54.35%)	9人(3.91%)
	体育硕士案例教学过程认知分析	案例教学就是在体育硕士教学中举例说明	2人(0.87%)	11人(4.78%)	94人(40.87%)	115人(50.00%)	8人(3.48%)
		案例教学只是一种辅助手段，无须整节课中使用	0人(0.00%)	6人(2.61%)	89人(38.70%)	118人(51.30%)	17人(7.39%)
	体育硕士案例教学功能认知分析	案例教学能培养学生运用理论解决体育相关领域实际问题的能力	0人(0.00%)	0人(0.00%)	91人(39.57%)	114人(49.57%)	25人(10.87%)
		案例教学能提升体育硕士的反思能力	0人(0.00%)	7人(3.04%)	87人(37.83%)	117人(50.87%)	19人(8.26%)
对体育案例的认知	体育硕士教学案例内容本身的真实性与完整性	案例教学中的教学案例是真实发生的故事	0人(0.00%)	5人(2.17%)	99人(43.04%)	108人(46.96%)	18人(7.83%)
		体育硕士教学案例需具有较为完整的故事情节	0人(0.00%)	3人(1.30%)	93人(40.43%)	115人(50.00%)	19人(8.26%)
	体育硕士教学案例包含的教育意义	案例教学中使用的案例蕴含一定的行动智慧	0人(0.00%)	6人(2.61%)	85人(36.96%)	114人(49.57%)	25人(10.87%)
	体育硕士教学案例教学素材的来源	搜集教学案例的素材需要进行实地考察与调研	0人(0.00%)	3人(1.30%)	87人(37.83%)	120人(52.17%)	20人(8.70%)

由表 2-6 可知，教师普遍认可案例教学在体育硕士培养中的必要性，认可案例教学在体育硕士培养方面的功能，但对案例教学的理解并不深刻。具体表现为：第一，大部分教师认为案例教学与教学中的举例说明类似；第二，大部分教师认为案例教学无须在整节课中使用；第三，40.87%的教师对体育硕士案例教学的必要性表示不确定。体育教师对案例教学过程的认知可分为两类：一类是传统案例教学方式，即全程使用案例教学；另一类是混合式案例教学方式，即在课堂开始时或在课堂结束前，对本次课所教授的理论进行介绍与梳理。

此外，多数教师较为认可体育硕士教学案例的内容来源真实、体育案例内容结构完整性、蕴含行动智慧以及需要进行实地考察才能有效获取素材，但对体育案例内容来源是否真实的认识达到了 43.04%，高于其他几个方面。这说明，教师群体中存在对体育教学案例并不了解或者并没有进行过体育案例采编的教师。

（二）体育硕士案例教学认知的差异性分析

为进一步了解教师对体育硕士案例教学整体认知的差异性，本研究从教师的教龄、学历、职称等三个方面进行人口学的差异分析；从综合类、师范类、理工类、体育类、其他等五个方面进行高校层次的差异分析；从体育教学、运动训练、竞赛组织与管理、社会体育指导等四个方面进行授课领域的差异分析（见表 2-7 和表 2-8）。并对导师身份进行独立样本 t 检验（见表 2-9）。

从表 2-7 和表 2-8 的统计分析结果中可以发现，人口学方面，对体育硕士案例教学的认知与对体育案例的认知仅在职称维度上表现出显著性差异。其中，较高职称的教师在体育硕士案例教学整体认知上的表现较好，而副教授与讲师之间的认知没有形成显著性差异。高校层次方面，教师在体育硕士案例教学整体认知上具有显著性差异（$p = 0.028$；$p = 0.000$）。尤其是对体育案例的认知方面，综合类大学教师的认知显著优于体育类院校的教师（$p = 0.014$）。而不同授课领域的教师在体育硕士案例教学的整体认知上不存在显著性差异。

表 2-7 对体育硕士案例教学的认知

变量	差异分析视角	具体视角	构成	均值	标准差	F	p	事后检验
对体育硕士案例教学的认知	人口学	教龄	2 年以下	3.59	0.41	1.792	0.135	n. s.
			2~5 年	3.75	0.42			
			6~10 年	3.53	0.47			
			11~20 年	3.61	0.51			
			20 年以上	3.75	0.64			
		学历	专科	0.00		0.153	0.858	n. s.
			本科	3.40				
			硕士研究生	3.60	0.51			
			博士研究生	3.63	0.49			
		职称	讲师	3.62	0.47	5.748	0.004 **	3>2, $p = 0.004$ **
			副教授	3.51	0.44			
			教授	3.80	0.58			
	高校层次		综合类	3.73	0.46	2.773	0.028 *	n. s.
			师范类	3.68	0.55			
			理工类	3.73	0.36			
			体育类	3.52	0.45			
			其他	4.10	0.26			
	授课领域		体育教学	3.67	0.61	1.439	0.232	n. s.
			运动训练	3.68	0.45			
			竞赛组织与管理	3.56	0.45			
			社会体育指导	3.51	0.40			

注：* 为 $p < 0.05$，** 为 $p < 0.01$。

表2-8 对体育案例的认知

变量	差异分析视角	具体视角	构成	均值	标准差	F	p	事后检验
对体育案例的认知	人口学	教龄	2年以下	3.69	0.39	1.735	0.143	n.s.
			2~5年	3.73	0.47			
			6~10年	3.59	0.54			
			11~20年	3.60	0.55			
			20年以上	3.88	0.69			
		学历	专科	0.00		2.85	0.06	n.s.
			本科	3.25				
			硕士研究生	3.51	0.56			
			博士研究生	3.70	0.54			
		职称	讲师	3.64	0.52	7.264	0.001 **	3>1, $p=0.022$ *
			副教授	3.53	0.49			3>2, $p=0.001$ **
			教授	3.89	0.61			
	高校层次		综合类	3.91	0.64	5.231	0.000 **	1>4, $p=0.014$ *
			师范类	3.70	0.56			
			理工类	3.94	0.41			
			体育类	3.51	0.48			
			其他	4.13	0.48			
	授课领域		体育教学	3.70	0.59	2.368	0.072	n.s.
			运动训练	3.76	0.50			
			竞赛组织与管理	3.54	0.53			
			社会体育指导	3.55	0.55			

注: * 为 $p<0.05$, ** 为 $p<0.01$。

最后，从表2-9的独立样本 t 检验中可以发现：博导在这两个方面的认知都明显高于硕导（非博导）（对体育硕士案例教学的认知 $t = -3.198$，$p = 0.002 < 0.01$；对体育案例的认知 $t = -2.747$，$p = 0.007 < 0.01$）。

表 2-9　导师身份差异性分析

变量	导师身份	均值	标准差	t	p
对体育硕士案例教学的认知	硕导（非博导）	3.50	0.47	-3.198	0.002**
	博导	3.78	0.58		
对体育案例的认知	硕导（非博导）	3.56	0.53	-2.747	0.007**
	博导	3.82	0.61		

注：** 为 $p < 0.01$。

（三）小结

第一，当前教师普遍认可案例教学在体育硕士培养中的必要性与重要性，但对案例教学的理解并不深刻。具体表现为对教学案例与举例说明之间的区别认识不清，不确定是否要在一整节课中使用案例教学。

第二，当前教师较为认可体育硕士教学案例的内容来源真实、体育案例内容结构完整性、蕴含行动智慧以及需要进行实地考察才能有效获取素材，但对体育案例内容来源是否真实的认识高于其他几个方面。

第三，体育硕士案例教学整体认知呈现职称维度和导师身份维度的显著性差异，教授的认知明显优于副教授，博导明显优于硕导。

第四，体育硕士案例教学整体认知呈现高校层次方面的显著性差异，综合类大学教师的认知显著优于体育类院校教师。

第五，从体育硕士授课领域来看，各领域之间无显著性差异。

三　我国体育硕士案例教学实施的现状

（一）体育硕士案例教学实施的总体情况

第一，当前我国体育硕士教学案例的开发情况不容乐观，大部分教师很少或从不参与教学案例开发，而参与开发的教师人数偏低，也验证了体育教学案例开发复杂、开发费时以及与职称评定不挂钩等方面的现实问题。此外，自己独立开发教学案例的教师仅占8.26%，从不使用教学案例的教师占比达到69.57%。这一调查结果与前文"体育硕士案例教学认知"的调查结果相契合，体育硕士教学案例的开发现状需引起足够的重视（见图2-10）。

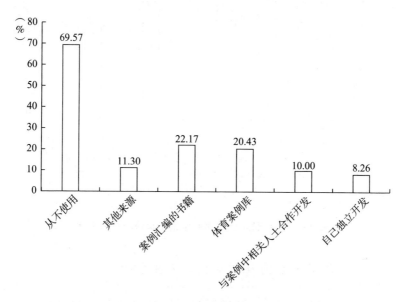

图2-10 体育硕士教学案例主要来源的调查结果

第二，当前在体育硕士培养中尝试使用案例教学的教师人数极少。在受调查的教师群体中，有一部分教师不仅进行了一段时间的案例教学，并且通过相关培训提高了案例教学水平，即便如此，非常熟悉案例教学的教师仅占1.3%。值得注意的是，没有教师选择"学校对案例教学的鼓励力度大"，这正符合当前大多数高校没有将案例入库纳入职称评定，或给予课时兑换的现实。此外，选择学校教学环境"不能满足或不太满足"案例教学的教师较多。这正说明，受调查的大部分教师对案例教学认知不足，案例教学本身对教学环境的依赖和要求并非有绝对的考究。

第三，从体育硕士案例教学的实施反馈可以发现，这些教师肯定了体育硕士案例教学实施的功能和成效（M=4.19；M=4.23；M=4.35），但也面临缺少合适的体育教学案例，以及收集资料、完善案例、补充材料等方面的难处（M = 3.96；M = 4.08）（见图 2 - 11）。

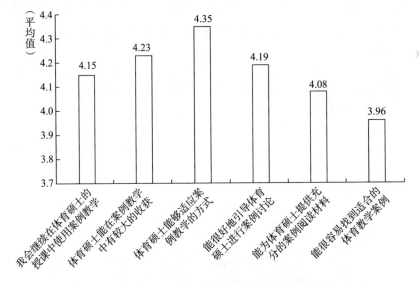

图 2 - 11　体育硕士案例教学实施反馈的调查结果

（二）体育硕士案例教学实施的差异分析

从表 2 - 10 和表 2 - 11 可以发现，体育硕士案例教学实施的情况在人口学层面的教龄与职称维度上存在显著性差异。其中，教龄 11 年以上的教师认知优于 5 年及以下的教师，教龄 6~10 年的教师认知优于 2 年以下的教师；教授的认知优于副教授及讲师，副教授的认知优于讲师。而在高校层次与授课领域层面，体育硕士案例教学实施的情况均不存在显著性差异。

从表 2 - 12 可以发现，体育硕士案例教学实施的情况在导师身份维度上存在显著性差异：博导明显优于硕导（非博导）（体育硕士教学案例开发 t = -5.712，p = 0.000 < 0.01；体育硕士案例教学使用 t = -6.046，p = 0.000 < 0.01）。

表 2 – 10　体育硕士教学案例开发

变量	差异分析视角	具体视角	构成	均值	标准差	F	p	事后检验
体育硕士教学案例开发	人口学	教龄	2 年以下	1.22	0.31	7.189	0.000**	3 > 1, p = 0.000**
			2 ~ 5 年	1.51	0.54			4 > 1, p = 0.000**
			6 ~ 10 年	1.77	0.75			4 > 2, p = 0.011*
			11 ~ 20 年	1.97	0.92			5 > 1, p = 0.001**
			20 年以上	2.31	1.14			5 > 2, p = 0.018*
		学历	专科	0.00		0.456	0.634	n. s.
			本科	1.00				
			硕士研究生	1.81	0.75			
			博士研究生	1.81	0.87			
		职称	讲师	1.44	0.50	30.308	0.000**	2 > 1, p = 0.002**
			副教授	1.80	0.79			3 > 1, p = 0.000**
			教授	2.53	1.00			3 > 2, p = 0.000**
	高校层次		综合类	2.02	0.89	1.38	0.252	n. s.
			师范类	1.69	0.74			
			理工类	2.00	0.66			
			体育类	1.82	0.92			
			其他	2.13	0.63			
	授课领域		体育教学	1.94	0.98	1.38	0.252	n. s.
			运动训练	1.88	0.76			
			竞赛组织与管理	1.56	0.78			
			社会体育指导	1.80	0.79			

注：* 为 p < 0.05，** 为 p < 0.01。

表 2 - 11　体育硕士案例教学使用

变量	差异分析视角	具体视角	构成	均值	标准差	F	p	事后检验
体育硕士案例教学使用	人口学	教龄	2 年以下	1.39	0.31	8.630	0.000 **	3 > 1, $p = 0.000$ **
			2 ~ 5 年	1.64	0.48			4 > 1, $p = 0.000$ **
			6 ~ 10 年	1.88	0.69			4 > 2, $p = 0.007$ **
			11 ~ 20 年	2.10	0.89			5 > 1, $p = 0.000$ **
			20 年以上	2.45	0.98			5 > 2, $p = 0.004$ **
		学历	专科	0.00		1.083	0.340	n. s.
			本科	1.00				
			硕士研究生	1.86	0.81			
			博士研究生	1.96	0.78			
		职称	讲师	1.57	0.45	30.905	0.000 **	2 > 1, $p = 0.000$ **
			副教授	1.97	0.74			3 > 1, $p = 0.000$ **
			教授	2.60	0.94			3 > 2, $p = 0.000$ **
	高校层次		综合类	2.18	0.77	1.56	0.191	n. s.
			师范类	1.84	0.71			
			理工类	1.96	0.54			
			体育类	1.94	0.88			
			其他	2.15	0.44			
	授课领域		体育教学	2.09	0.94	2.08	0.104	n. s.
			运动训练	1.95	0.73			
			竞赛组织与管理	1.73	0.70			
			社会体育指导	1.9405	0.71			

注：** 为 $p < 0.01$。

表 2 - 12　导师身份差异性分析

变量	导师身份	均值	标准差	t	p
体育硕士教学 案例开发	硕导（非博导）	1.61	0.74	-5.712	0.000**
	博导	2.58	1.03		
体育硕士案例 教学使用	硕导（非博导）	1.78	0.68	-6.046	0.000**
	博导	2.70	0.93		

注：** 表示 $p < 0.01$。

（三）小结

第一，当前我国体育硕士教学案例的开发情况不容乐观，大部分教师很少或从不参与教学案例开发，对教学案例开发的熟悉程度普遍不高。大部分授课教师表示在教学过程中从不使用体育案例，自己独立开发案例的情况很少。

第二，我国已有小部分教师开始在体育硕士培养中使用案例教学，且使用频次较高，尝试通过案例教学相关培训提高教学水平，对案例教学授课有一定的熟悉。但大部分教师从来没有参与过案例教学的相关培训，较少使用案例教学，对案例教学授课流程不熟悉，其所在高校对案例教学的鼓励也不明显。

第三，已使用过案例教学授课的教师反馈，体育硕士能适应案例教学并从中有所收获，但教师面临体育教学案例选取、收集及完善材料等方面的难题。

第四，体育硕士案例实施在教龄、职称和导师身份维度上表现出显著性差异。一般而言，随着教师自身层次的不断提高，他们对案例教学实施的认可度也越高。而高校层次和授课领域方面均无显著性差异。

四　我国体育硕士案例教学开展的影响因素

从图 2 - 12 的统计结果中可以发现：选择"不清楚体育硕士案例教学如何授课"（41.3%）、"学校没有激励案例教学的措施"（36.52%）、"有案例进入国家级案例库不能与职称评定挂钩"（34.78%）、"缺乏体育硕士教学案例"（32.61%）、"体育教学案例开发太耽误时间"（30.87%）的教师较多；而选择"学校体育硕士生源的知识储备有限"和"学校实施案例教学的条件不足"的教师较少。综合分析，影响因素主要有以下几点。

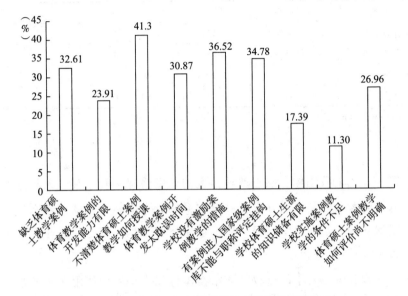

图2-12 体育硕士案例教学影响因素的调查结果

（一）体育案例的获取

缺乏体育硕士教学案例是不得不面对的影响因素，教学案例的开发不仅受教师个人能力的限制，还受时间维度的考量。调查结果显示，多数教师并非对个人体育案例采编的能力持怀疑态度，他们普遍认为体育案例采编较为耽误时间，实际上这种矛盾体现了案例教学与常规教学形式之间的冲突。这也说明，无激励机制导向下，要求教师改变已有的教学习惯，将过多的时间投入体育案例的采编，显然会触及教师已有的利益，进而影响体育案例的获取。

（二）体育硕士案例教学与教师个人利益的平衡

无论学校是否有绩效、资金、职称评定等有效促进案例教学的激励措施，其实质都可以简化为推进案例教学与教师个人利益之间的平衡。而已有的研究结果和国内实践也表明，教师通过案例教学能否获得个人利益上的满足，将是案例教学推进过程中一个不可忽视的影响因素。

（三）体育硕士案例教学的开展与效果评价

"不清楚体育硕士案例教学如何授课"，这一点同时得到近半数教师的认同。国外有良好的培训体系和观课机会，但在我国尚缺少这样的机会，这让体育硕士案例教学的实践探索只能"摸着石头过河"。从案例教学的效果评价来看，效果的体现是一个"慢变量"——需要在数年后进行追踪研究。此外，学生的知识储备同样重要，我国已有的案例教学行动研究表明，我国适合组织小班化教学，教学对象为具有一定知识储备、入学半年以上的硕士研究生。

五 我国体育硕士案例教学开展的现实难题

（一）如何推进体育案例库建设

案例库是教学案例的共享平台，案例库的建设是提高教学案例使用效率的前提，从案例库中获取案例，能帮助授课教师节省案例采编时间，促进教学内容与教学案例之间的对接。我国体育案例库的建设较为滞后，中国专业学位案例中心的体育案例库刚刚开库，且案例仅为 8 篇，这与案例库中会计、公共管理、教育、工商管理、法律等学科的案例数量形成较大的反差。

从案例库中体育案例的主题来看，案例并未覆盖体育硕士的四个主要领域方向，尚未出现竞赛组织与管理领域的案例，值得注意的是，该领域中体育管理理论与实务、体育法与理论、体育赛事组织与管理等核心课程所基于的母学科拥有较大的案例存量，可见其在案例采编上具有相当大的开拓空间。此外，培养方向最为明确的体育教学领域，入库案例只有 1 篇，且案例与师资培养关联性不强，典型性有所匮乏。体育教材教法、运动技能学习原理等核心课程与体育教师教育关联性更强，但此类教学案例尚未出现。

（二）如何把握体育学科特点进行案例采编

教学案例不能凭空产生，案例采编既能保证案例教学素材数量的充足，又能促使案例教学内容与时俱进。体育行为中，人的多样性与复杂性决定了体育学学科属性的综合性，这种综合性给体育学科案例采编带来了一定难度。我国学者关于体育学学科的逻辑起点大概有"体育""体育运动中的人""体育行为""人体运动""身体练习"5 种观点（方千华等，2018）。若以"身体练习"（physical exercise）的体育学学科逻辑起点为本体论进行案例采编，将会导致一些领域方向的案例情境失真、问题针对性不强。体育学学科的案例采编需要跳出"身体与技术"视野来看待体育案例，其案例构建须与所授课程的主要理论、原理相呼应，发挥案例在体育场域问题与课程理论原理之间的"桥墩"作用。

（三）如何激励体育教师进行案例教学

教师案例教学动力不足主要源于对案例教学的重要性认识不足以及没有相应的激励措施。有调查显示，80% 的高校未将教学案例成果认定为科研成果（李征博等，2018）。我国体育硕士专业学位研究生教育始于 2005年，虽然培养逐步制度化，但很多培养实践依然处于探索阶段，加之案例教学在我国的推广时间相对较短，很多体育学教师对案例教学的理解并不深刻。当前的体育硕士教学依旧以理论教学为主，虽然很多教师能够认识到学术型研究生培养与专业型研究生培养之间的差别，但是传统的教学方式与培养模式形成了牢固的"稳态环境"，很多教师不愿进行教学改革。面对当前高校的绩效评价制度，激励机制成为推进案例教学的动力源泉。

（四）如何评价体育硕士的案例教学效果

评价一直是案例教学公认的难题，从宏观角度来看，案例教学涉及研究生培养质量的追踪评价，这种评价包含众多变量，一般使用对主要雇佣单位及毕业硕士生的调查结果来反映基本情况。例如，有研究通过已毕业MBA 的职位晋升、薪资提升、薪资总体水平来反映近些年的案例教学效果，显然不具有说服力。因此，近些年学界普遍从中观或微观视角对案例教学评价展开探索，围绕案例教学全要素评价、课程评价的研究逐渐增多。由于体育硕士案例教学还未成型，教师对形成教学效果评价的基础性元素认知还不深刻。面对这样一项探索性工作，构建初步的案例教学评价内容体系与开展课程效果行动研究变得尤为关键。显然，面对当前教育价值属性弱于工具属性的现实处境，基于缺乏行动力量的体育学科，开展体育硕士案例教学的行动研究变得更为艰难。

第四节　模式构建概述

一　我国体育硕士案例教学模式构建的目标

目标在教学模式中居于核心地位，是教学模式期望达到的教学效果。事实上，体育硕士案例教学模式的目标离不开这样一个逻辑前提：与国家专业学位研究生培养模式改革的总体目标呼应，体现体育硕士及案例教学的本质。不难发现，"实践"是所有要素的交集：我国专业学位研究生改革的重点是培养实践能力，案例教学旨在以案例的形式培养学生的实践性思维。因此，我国体育硕士案例教学模式的目标可分为宏观目标和微观目标。

（一）宏观目标

宏观目标是我国体育硕士案例教学模式最终所要达到的预期结果，也就是从国家深化研究生教育改革、深化专业学位研究生教育综合改革、实现研究生教育"服务需求、提高质量"的内涵式发展出发，对我国体育硕士案例教学模式的宏观目标进行设定，即"以体育职业需求为导向，以体育相关领域实践能力培养为重点，不断提高体育硕士的培养质量"。

（二）微观目标

基于前文对体育硕士案例教学的相关理论分析，体育硕士案例教学模式的微观目标应该重点落脚在将所学的知识经验映射到体育行动中，以及在行动中体现出对体育岗位的胜任力。同时，介于案例教学旨在培养问题解决学习与系统学习的统一、掌握知识与培养能力的统一、主体与客体的统一，故体育硕士案例教学的微观目标主要针对专业知识的获取、实践反思能力的提升等，而未过多涉及专业技能，尤其是身体技能的培养。换句话说，体育硕士案例教学模式更加注重教学组织的观察反思，而非教案准备的格式或上课的基本流程；更加注重体育工作场景中隐性知识的揭示，而非学科知识的宣讲；更加注重实践经验的深挖，而非实践故事的闲暇阅读。因此，本研究认为体育硕士案例教学模式的微观目标主要有以下三个。

目标之一：通过案例教学培养体育硕士在职业实践场合中运用所学的理论知识去解决实际问题的能力。这是一种经验性的隐性知识，有时案例中的当事者并没有发现这种能力的存在，但这种能力的表征形式却可以被揭示，并对其他人产生指导意义。

目标之二：培养体育硕士的实践推理能力。通过案例教学培养体育硕士面对职业场域时的一种专业推理能力，即学会如何像体育工作者那样去思考。例如像一名体育教师一样，面对"问题"学生时，通过已有的经验来建立提出恰当解决措施的能力；像运动队的教练一样，通过当前的运动监控与队员的运动表现，把控训练时的运动负荷，找准提量或降量的时机。

目标之三：培养体育硕士的实践"专能"。所谓实践专能是指一种自学能力，这种自学能力存在相对固定的自学框架。通过案例教学，体育硕士能够学会总结基于自我认知案例库中的案例经验，并以个人的固定案例自学框架来面对专业领域或职业场域中并不熟悉的问题，进而找出恰当的处理方式。这种实践专能是在获取实践知识并经过实践反思之后，形成的一种固定的解决职业问题的专门能力。这种实践专能正是体育硕士培养基本要求中提出的"获取知识和技能的能力"同"实践研究能力"的融合。

综合来看，体育硕士案例教学这三个微观目标中的能力培养，是"以体育职业需求为导向，以体育相关领域实践能力培养为重点，不断提高体育硕士的培养质量"宏观目标达成的具体表现，具备极强的可操作性。

二　我国体育硕士案例教学模式构建的原则

（一）确立体育硕士的中心地位

与传统教学方式相比，案例教学强调以学生为中心，学生的学习过程不该是被动地接受知识，而是主动建构知识。案例教学中教师起到主导作用，大多数案例都有很强的体育情境代入感，有利于体育硕士较快地进入案例分析与探讨，教师需要进行更多的课堂观察与课堂节奏把控。当体育硕士的讨论趋于一致时，教师需提出反向见解；当体育硕士的讨论漫无边际时，教师需要给出一些便于谈论的概念性框架；当体育硕士对案例探讨到一定程度时，教师需提出案例中未曾出现的材料，为学生的进一步分析提供动力等。无论教师如何引导，其目的都在于让学生置身于体育情境中，在表达个人观点的同时，能够聆听、接受或质疑别人的观点，建构自己的体育实践性知识以及分析问题、提出决策的能力。

（二）构建真实体验的体育案例情境

经验的真正意义源于对复杂问题解决过程的体验（冯锐，2011）。案例教学大部分时间依然是进行课堂授课，为了使教学环境与体育职业场域的真实环境相联系甚至结合，需要从体育案例的选取和体育案例教学形式入手。从体育案例的选取来看，体育案例须实事求是，既要符合我国体育职业场域的基本情况，又要体现案例内容的与时俱进。例如，体育教师身份认同与角色转换是体育教师专业发展的经典课题，当前体育教师担任班主任的现象在小学中时常发生，面对如此角色转换，体育教师应如何重新审视自我身份？体育教师身份转换过程中有哪些难点？实践过程中遇到了哪些值得探讨的经历？再如，工作场景中，体育教学设计早有较为固定的模板，经典模板面对新时代的学生时会产生怎样的挑战？选取的这些体育案例使体育硕士的整个案例教学过程具备时代特征、国家特征及学情特征，给体育硕士带来较强的案例情境体验。从体育案例教学形式来看，案例教学秉持构建真实体验的案例情境原则，体育案例角色扮演、重要人物现场对话、现场体验职业场域等都有利于学生建立起知识与体育职业场域之间的联系，促进教学效果的达成。

（三）引导学生使用体育直接经验

从案例推理相关理论发现，通过学习获得个人知识，意味着需通过阐释新的经验将知识储存，并通过重新阐释已储存的旧经验对知识进行索引批注，以便更好地使用与储存。个人体育情境中的实践感悟、事实材料集合，需要通过个人经验对其进行重组，进而得出新的认知，知识不再是游走于学生主体之外的客观存在，而是由个人经验对事实确认和描述后主观建构而来。因此，需要教师引导学生在案例学习与探讨的过程中，注重个人直接经验的回忆、表达、反思及储存。这就使得体育硕士案例教学的内容、形式不必具有唯一性，甚至可以模糊一些案例内容，给予学生更多探究的可能。如体育赛事管理领域，以奥运会赛事运营成本为案例，抛出"伦敦奥运会成本为 130 亿欧元，而门票收入仅有 5 亿欧元，为什么各国还要继续申办奥运会"的问题，让学生利用已有的知识、生活经验、直觉经验等，对案例中的关键问题进行剖析、判断及推测。

三　我国体育硕士案例教学模式的构建方法

依据案例教学模式构建的理论依据，结合我国体育硕士专业学位研究生培养的现实背景，借鉴跨学科案例教学经验以及类似的典型教学模式实践，本书研究构建了我国体育硕士推理式案例教学模式——RCM 教学模式（Reasoning Case Method），如图 2 - 13 所示。

此模式由两个维度组成，左边为教师的案例教学过程，右边为体育硕士的案例学习过程。虽然 RCM 强调"以学习者为中心"，但不可忽视教师在案例教学中的自我探索。大部分体育硕士的授课教师对案例教学并不完全了解，因此探索性地使用一套新的教学方式符合案例推理的基本原理。

首先，教师的案例教学过程始终围绕以下几点展开。

第一，教师依据专业学位体育案例库选取的案例，结合所教授课程的内容及授课对象，确立"新目标""新内容""新对象"等案例教学前提。

第二，体育教师多年的教学经验使得他们已形成极具个人特点的"教学经验历史案例库"，教师在案例教学前基于个人已有的教学经验案例库，通过检索的方式，得出一个与常规教学程序相似的教学方式。

第三，教师将这样一个教学程序重用到案例教学中，得出一个假设性的解决方案，这是一个拟定的新的教学程序，但还不完善，因此需要进行下一步操作。

第四，教师在持续不断的案例教学中，以第三步所得的假设性解决方案为基础，经过个人案例教学实践经验的提炼，得到一个经过修正的体育硕士案例教学程序。

第五，教师将经过修正的案例教学程序，整理形成个人的案例教学经验，并存储到个人的教学经验历史案例库中。所习得的案例教学经验与其他教学经验的边界并非完全割裂，而是相互包含，可以在新的目标、内容、对象的刺激下做出调配。

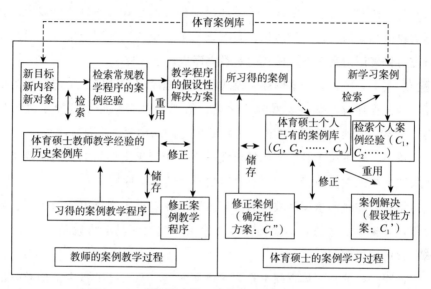

图 2 - 13 体育硕士推理式案例教学模式（RCM）

其次，体育硕士的案例学习过程始终围绕以下几点展开。

第一，将专业学位教学案例库选取的案例或自编案例视为一个新学习案例，这个案例能够覆盖当前所学课程的知识点及体育硕士的专业领域。

第二，面对新学的体育案例，体育硕士会根据案例内容，通过检索个人已有的体育经验案例库 C_1，C_2，……，C_n 等，发现可用于解答问题的案例经验。

第三，体育硕士会将这个相似案例经验 C_1 "重用"到案例学习中，得出一个假设性的案例解决方案 C_1'。

第四，体育硕士在案例课堂学习中，经过案例学习、案例讨论、案例评价，修正了之前形成的 C_1'，得到一个基于当前案例学习的确定性案例解决方案 C_1''。

第五，体育硕士将 C_1" 视为这次案例学习所习得的案例经验，储存到个人已有的案例库中，为以后的体育问题解决、学习评价、体育知识实践做好充足准备。

四　我国体育硕士案例教学模式实施的结构要素

基于案例推理理论构建的体育硕士案例教学模式具有高度的抽象性，虽然为具体的案例教学实践提供了理论依据，但在真实的教学场域中，教师需要的是如何将工作具体化，而不是一个简单的宏观理论架构，因此本研究对体育硕士案例教学模式的实践程序进行了探究。

事实上，体育硕士案例教学模式的实践程序需以实施的结构要素为依托，因此在探讨具体的实践程序之前，需要对其实施的结构要素进行回答。显然，我国体育硕士案例教学模式实施的结构要素主要有两个。

第一，体育硕士教学案例的研发程序。体育硕士教学案例的研发是保证模式实施的重要前提，同时也是案例教学的重要特征。

第二，体育硕士案例教学的实施过程。体育硕士案例教学的组织实施是保证其模式实施的基本架构，体育硕士案例教学具有可视化、可操作、规范化的实施流程。

值得一提的是，体育硕士教学案例研发这一重要环节贯穿案例教学的实施过程。教学案例的研发并不是一蹴而就的，需要在实践中不断修正案例，尤其是案例使用说明部分。这是因为案例正文牵涉较为严谨的实证研究结果和案例使用伦理规范，一般不轻易改动。案例使用说明则有所不同，其包含的要素如教学目标、教学内容、预计课堂效果、具体的课堂时间安排、学生的思考题等，都需要经过案例教学的实践来不断修正或微调，以达到更好的教学效果。

因此，教学案例研发是体育硕士案例教学的灵魂，教学效果是教学案例研发与案例教学共同作用呈现的结果。面对体育硕士案例教学模式实施的两大结构要素，正视教学案例研发过程中的基本要求、编写范围、适用领域、基本原则、操作步骤显得尤为迫切，正视案例教学实施程序中的课前准备、课堂实施及课后反馈也十分必要。

第五节　模式的实施过程

体育硕士案例教学模式的实施过程分为两部分：一是我国体育硕士教学案例的研发；二是我国体育硕士案例教学的课堂实施。其中，研发程序包括研发的基本要求、原则及编写步骤；课堂实施包括整学期课堂实施（就某一门核心课程的完整学期而论，而非普通学年意义上的整个学期）及单元课堂实施（就核心课程的一节课而论）。

一　我国体育硕士教学案例研发的基本要求

当前，我国体育案例编写规范主要包括体育硕士教学案例编写的基本要求、编写的范围、案例的结构要素。这些共同构成我国体育硕士教学案例采编的逻辑起点。

首先，我国体育硕士教学案例编写的基本要求如下：第一，案例素材应以典型的真实事例为基础，根据教学计划可进行必要的修改；第二，案例编写应以提升体育硕士研究生的实践能力为导向，便于理论联系实际；第三，案例编写应明确案例所属领域，以及通过案例教学要达到的具体教学目标；第四，案例编写应充分考虑教学计划，对事例的描述应真实、清晰、简洁，篇幅一般不超过 2 万字，每一案例的教学以 3~6 学时为宜；第五，选择案例素材时，应预估潜在的法律纠纷，在案例编写中加以避免，需要相关人员或组织授权的，应取得授权后再编写。

其次，我国体育硕士教学案例的编写范围主要包括体育教学领域、运动训练领域、竞赛组织与管理领域及社会体育指导领域。各个领域的案例编写均基于其核心课程，例如体育教学领域主要围绕体育课程导论、体育教材教法、运动技能学习原理等核心课程的主要知识点与前沿成果进行案例的编写。

最后，我国体育硕士教学案例的结构要素包括案例封面、案例正文、案例使用说明和附件四个部分。案例封面主要包含案例标题、领域归类、摘要及关键词、教学目标等；案例正文主要包含知识线与故事情节线两条主线，知识线针对案例教学目标，故事情节线针对教学案例的过程逻辑，两者相互交融以保证案例正文的完整性；案例使用说明包含教学目标、教学计划、拟解决的问题、预期效果等所授课程的基本要素；附件一般是辅助案例教学或学习的材料，如一些案例问题的参考答案、案例中缺失的用于佐证的关键材料等。

二　我国体育硕士教学案例研发的基本原则

（一）鲜明的体育教学目的性

体育硕士案例教学必须要明确解决的问题，以及达到什么样的教学目的。只有明确了教学目的，才能对体育案例进行选编。就体育硕士培养目标来看，我国体育硕士教学案例需要传授什么知识、提升什么能力，针对上述问题的解答能够体现鲜明的体育教学目的性。

优秀的体育案例往往以特殊的故事形式呈现，案例的问题导向性更强，故事背后所蕴含的知识被进行策略性处理，其目的在于通过案例学习解释隐藏在案例中的体育实践知识。毫无疑问，体育硕士案例教学需要以案例分析为手段，让学生通过案例学习，对体育工作领域的实践情境产生认识，进而依据自身的经验分析与知识形态，形成对案例情境的基本认知，即体育领域的策略性知识。但这依然不是案例教学的全部目的，体育案例还能增加体育硕士的"案例知识"。舒尔曼认为，案例知识可以定义为：经过命题知识的论证，结合案例分析所传递的策略知识考量，具有价值规范、带有理论色彩的知识形态（舒尔曼，2007）。

提升体育硕士的何种能力，同样是明确教学目的的关键。就当前案例教学培养学生能力的研究成果来看，大多可归类为解决复杂案例问题的能力，而其他诸如创新能力、管理能力、人际能力等都是指向这一核心能力的结构型能力或附属型能力。因此，在进行体育硕士教学案例研发时，需以案例所涉及的课程主题为依托，就该课程中某一关键问题区域内的事件进行案例采编。

（二）具有体育硕士培养领域的针对性

首先，针对体育硕士培养领域核心课程进行案例编写。不同核心课程具有不同的课程目标与知识要点，体育案例编写需明确编写的案例覆盖哪一课程的几个知识点，或是哪几个课程的几个不同的知识点。

其次，针对当前体育硕士的特点进行案例编写。当前体育硕士中有体育教学和运动训练经验的学生居多，他们普遍缺乏竞赛组织与管理领域及社会体育指导领域的原始经验，体育教师教育成为主要的培养方向。因此，在采编后两个领域的体育案例时，要控制案例的难度，以增加学生的知识获取与经验认知；针对前两个领域，可适当增加案例难度，以提升体育案例问题解决能力为主。

最后，要根据学校体育硕士毕业后的主要去向进行案例编写。由于不同培养单位的地理位置、培养目标有所不同，体育硕士的去向存在差异。有些学校培养的体育硕士主要去往经济发达、单位设施配套齐全的地区工作，因此体育工作场域的问题应以课程资源整合、课程内容创新为主；而设施不足的地区的体育案例，需以体育设施创造为主。不难发现，这两类案例一旦交叉使用，将不具有适用性与针对性。

（三）保持体育案例的客观真实性

教学案例客观真实，能反映对应领域中的实际问题，为复杂的案例情境提供讨论的可能，所以更容易激发学生探讨的兴趣。所谓体育案例的真实，即体育案例所展现的时间、地点、人物、因果、主体背景、情节记录等均需保持真实。所谓体育案例的客观是指在进行体育案例编写时，教师要克服一些自我的主观偏见，尽量保持体育故事的原貌。虽然体育案例编写一般不需要教师加入过多的个人观点，但教师毕竟是体育案例编写的主力，编写什么样的案例，是由体育教学目的决定的。因此，在体育案例的编写过程中，需对此进行适当加工，保持体育案例情节的冲突性、戏剧性、可讨论性。

（四）建立正确的价值导向性

体育案例类型多样，案例解读的差异往往会使学生对案例产生不同的认知，因此，体育案例的研发需保持正确的价值立场。价值立场往往在案例分析的过程中体现，传统案例教学经常使用道德两难问题来进行课程教学，这种案例给学生带来的冲击过大，导致学生出现某些价值偏差。经过多年的发展，案例教学逐渐走向价值中立，但在教学案例编写时保持客观，并非意味着案例解读环节的客观。相反，体育案例内容复杂，案例解读者背景有所差异，有时不能产生理解上的正确导向，消极情绪过重。因此，需要研发正面的典型体育案例，既要关注培养什么样的人、怎样培养人各个方面的功能，也要关注体育案例本身的价值导向，通过理论与现实维度的分析，让体育硕士明白不同体育案例问题解决的价值取向。

（五）注意体育案例使用的伦理性

案例教学过程中，体育案例使用的伦理性问题同样值得关注。伦理性以获得案例编写许可和案例使用许可为前提，因此研发体育案例时需与编写对象建立信任关系与合作机制。首先，案例编写者需获得采编对象所在单位的调研许可，可以是正式文件或口头承诺形式，积极沟通、明确双方需求与职责；其次，在使用案例时同样要获得对方授权，在案例真正使用前，需将案例内容告知对方，在保障对方必要的隐私需求的同时，兼顾案例教学的需要。

三　我国体育硕士教学案例的编写步骤

从整体结构来看，我国体育硕士教学案例的编写步骤可分为以下三步：第一，体育案例编写的计划阶段；第二，体育案例材料的采集阶段；第三，体育案例的编写阶段（见图 2 - 14）。

（一）体育案例编写的计划阶段

体育案例编写计划有两个逻辑起点：其一，以理论层面为切入点，围绕体育领域课程的知识点去编写案例；其二，以实践层面为切入点，先围绕对应体育领域的焦点问题编写案例，再构思与该领域体育课程相符的知识点，以对接案例。无论编写逻辑起点始于 A 还是始于 B，其都要与体育硕士培养领域和核心课程两个需求层面相呼应，形成一个对接使用对象、领域、课程、问题的教学案例采编计划，并在编写计划中回答六个"W"：为什么编写（Why）、如何编写（How）、编写什么（What）、为谁编写

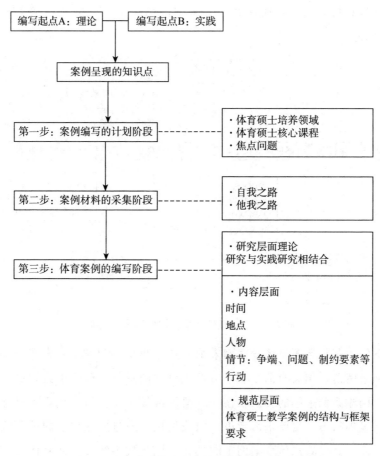

图 2 – 14　我国体育硕士教学案例编写的步骤

（Who）、去何处找资料（Where）、何时完成（When）。

（二）体育案例材料的采集阶段

本研究认为，体育案例材料的采集既是一种动态变化的过程，也是案例经过处理变成最终成稿的"特殊介质"。上文也提到过体育案例材料的采集阶段主要包括自我之路与他我之路。所谓自我之路，是指体育案例采集的途径依赖个人的体育生涯经历；他我之路是指体育案例采集的途径依赖对他人体育之路的调查。通常情况下，体育案例材料的收集以他我为主，但编写的过程又以自我为主。因此，在体育案例材料的采集阶段，自我之路与他我之路会产生交集。如图 2 – 15 所示，体育案例材料的采集可分为案例萌芽状态、案例模糊状态、案例呈现状态和案例完善状态。

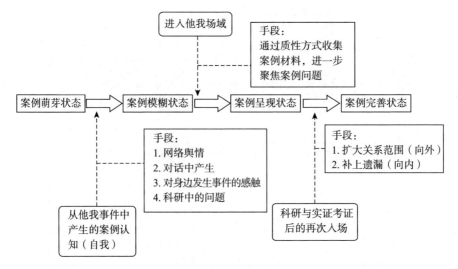

图 2 – 15　体育硕士案例材料的采集过程

案例萌芽状态源于体育案例采编者从他我事件中产生的自我认知。即通过网络舆情、相关对话、对身边发生事件的感触、科研中碰到的问题等途径，构建案例采编的初始状态——案例模糊状态。从案例模糊状态过渡到案例呈现状态，需要采编者进入他我场域，通过质性访谈的手段收集资料，以便更好地聚焦体育案例中的具体问题与故事线。但此时体育案例材料的采编还不完善，需要采编者基于当前搜集的材料，检索与案例主题相关的科研材料和实证材料，进一步明确案例核心问题与故事线，为再次入场做准备，让体育案例从案例呈现状态过渡到案例完善状态。其中，补充材料主要有两种手段：一是向外扩大案例主线的关系范围，一般涉及案例的人物关系、事件关系、实物材料等方面，补充保证案例完整的条件材料；二是向内补充前期的遗漏，通过检索科研材料与实证材料，对尚待完善或有所遗漏的重要环节进行补充。

（三）体育案例的编写阶段

体育案例的编写阶段要着重考虑体育案例的研究层面、内容层面和规范层面。这些要素共同组成一个信息源，保证撰写的体育案例符合教学目的、真实情境、教学对象和探讨前提。

第一，从研究层面来看，案例情境、编写目的、编者偏好等方面的差异会影响教学案例最终形成的类型，但体育案例依然存在较为固定的格式。体育案例的结构与编写要求，在中国专业学位案例中心的案例库中已有所说明。从广义上讲，体育案例不仅包含案例正文，还包含案例使用说明。正文是体育理论与体育实践交相辉映的载体，案例使用说明则是编写者解释理论与实践之间关系的通路，不难发现，体育案例的最终撰写需要理论研究与实践研究相结合。一方面，理论研究为案例使用说明的编写打下基础，同时也能为编写者对案例的全局把握提供帮助，保证案例的教学目的性；另一方面，实践研究能进一步厘清案例故事时间序列上的逻辑关系，保证案例本身的真实性与可读性。

第二，从内容层面来看，体育案例的正文主要是对案例中体育故事情节的编排，牵涉故事的时间、地点、人物、情节、行动等。首先，"时间、地点、人物"介绍清楚案例所处体育场域的特点以及主要角色之间的背景和关系，以便体育案例学习者通过一些前设交代来激活原有的案例经验。例如，案例介绍的是"中学田径的运动训练负荷安排"，当体育硕士拿到案例时会生成自己以往训练过程中教练进行负荷安排的经验场景，进而形成一种本能的案例判断，并带着这种经验继续阅读案例。其次，"情节"主要展现体育案例中的一些争端、问题和制约要素。这是体育案例中角色处理问题的动机，避免案例分析时体育硕士出现过于主观的价值倾斜。最后，"行动"反映了案例主角的体育实践表现，但这种行动应如何评判，需要进行课堂探讨，有些案例会将行动部分进行悬置，让学生在课堂中替主角做出行动假设，或是在案例学习的最后阶段，或是在某个关键时间点，抛出案例主角的行动表现，并阐明其行动的主要原因以及行动智慧。

第三，从规范层面来看，需按照体育硕士教学案例编写规范，对已形成的体育案例初稿进行修正。体育案例需包含案例封面、案例正文、案例使用说明、附录及补充材料四个部分。除正文外，其余三个部分需注意以下几点。

体育案例封面需体现案例的关键要素、主体及主要问题，案例适用的体育教学领域，以及期望达成的教学目标与效果等。具体展现形式为题目、案例分类、中英文摘要、教学目标（总体综述）及作者信息。

体育案例使用说明需体现具体的教学目标、教学内容（更为细化的案例问题揭示与课堂引导方式、解释案例中问题所适用的理论）、预期课堂效果、具体的课堂时间安排、学生的思考题、推荐的参考文献。

体育案例附录及补充材料需体现案例的来源、案例获取的历程、案例采编的感受、案例中出现的一些"条件""物件"的实物材料等。

下面是中国专业学位案例中心体育库中的案例"刘翔退赛始末——运动损伤"的案例封面、案例使用说明及附录。

刘翔退赛始末——运动损伤（样板）

案例封面：

刘翔退赛始末——运动损伤

（案例分类：本案例适用于体育教学领域与运动训练领域）

摘要： 刘翔在中国体育的发展史中注定留下不平凡的脚印，2004年雅典奥运会刘翔获得了男子110米栏冠军，可谓中国田径界的"开天辟地"者，一时间集大众宠爱于一身。但2008年北京奥运会的退赛与2012年伦敦奥运会倒在赛道上伤退，使媒体与大众对他的态度发生了很大的变化。大家对刘翔伤病本身很少关注，对其中的故事更是知之甚少，这样的结果不仅仅是中国田径的损失。本案例试图以叙事研究方法对刘翔进行案例教学分析，叙事资料来源于一位既在中国田径界有着丰富指导经验与大赛经验，又与刘翔有着亲密关系的具备双重身份的专家，为本案例内容的真实性奠定基础。

关键词： 刘翔；退赛；中国田径；110米栏

Abstract： Liu Xiang, destined to leave marvelously footprints in the China's sport history, has been adored by millions of Chinese people for decades because he was the first Chinese athlete who won the Men's 110m hurdles champion in 2004 Olympic games. But the media's and the public's attitudes towards him were getting worse after the two withdrawals happened in 2008 and 2012 Olympic games. The media and the public showed little concern about his injury and even knew little about his "story". In the face of this result, it is not just the loss of China's track and field. The article tries to do the case teaching analysis of Liu Xiang by means of adopting case narrative method. The narrative data are from an expert who not only has the rich guidance and competition experience in China's track and field but has an intimate relationship with Liu Xiang, which can provide the basis for the truth of this case.

Keywords: Liu Xiang; Withdrawal; China's Track and Field; 110 - metre Hurdles

教学目标: 帮助学生理解竞技体育运动员从大赛中产生大的伤病到逐渐恢复所需要经历的过程。这其中不仅包括运动员本人的坚强信念，还包括教练与领队如何应对突发情况、运动员发生损伤前的常规表现、教练如何观测运动员的不适、自损伤后恢复期的调整等多个方面相关联的内容。

作者信息: ××××××××

案例使用说明（部分）：

刘翔退赛始末——运动损伤教学案例说明书

1 教学目标

本案例适用于体育教材教法和运动训练学的课程教学。

本案例适用对象主要为各高校体育学院本科生及体育学方面的研究生。

本案例的教学目的是帮助学生理解竞技体育运动员从大赛中产生大的伤病到逐渐恢复所需要经历的过程。这其中不仅包括运动员本人的坚强信念，还包括教练与领队如何应对突发情况、运动员发生损伤前的常规表现、教练如何观测运动员的不适、自损伤后恢复期的调整等多个方面相关联的内容。

....

2 教学内容

在引导学生分析案例时，可以基于上述思路结合相关理论逐步深入探析，主要分析以下几个问题：（1）从体育与社会关系角度，分析本案例中刘翔两次比赛所承载的压力，以及背后到底有多少影响因素，并尝试以其中一项因素为视角，谈谈高水平竞技体育运动员与国家、社会、文化、民族之间的关联。（2）从运动控制角度探讨刘翔受伤后的恢复过程，以及可以通过哪些因素来评估他的恢复状态。这里我们以刘翔 8 步攻栏改 7 步为例，引入运动技能评价学习的相关理论，分析刘翔在新的技能学习过程中的绩效特征，通过观察练习评估学习、保持测试评估学习、迁移测试评估学习等手段指导新技能的学习。

具体的理论依据与分析将从以下几个方面展开：

（1）形成运动技能的评价。

（2）竞技状态的良好保持，离不开科学的恢复。恢复的理论知识主要体现在以下几点：①恢复的重要性与测量方法；②恢复的具体手段与方法；③恢复方案的制定。结合案例，将测量、手段和方案三个角度作为切入点。

3 预期效果

通过本案例的学习，学生能够基本了解体育教材教法和运动训练学课程教学内容，了解担任教练与领队角色时应对突发情况的手段，学会观察运动员发生损伤前的常规表现，知道怎样观测运动员的不适，明白自损伤后的恢复调整手段。

4 课堂时间安排

本案例可作为专门的案例讨论课来进行。以下是课堂教学建议，仅供教学参考。整个案例课分为两个阶段，时间控制在 70 分钟。

第一阶段（35 分钟）

（1）阅读案例，分组讨论，启发思路。（20 分钟）

（2）各小组发言，报告讨论结果，分享观点。（15 分钟）

第二阶段（35 分钟）

（1）分组讨论，对案例中涉及的相关知识点进行梳理和总结。（15 分钟）

（2）各小组发言，报告讨论结果，分享观点。（10 分钟）

（3）最后的总结归纳。(10 分钟)

......

5　思考题

（1）你如何理解刘翔背后承载的 13 亿中国人及 56 个民族的希望？

（2）你认为造成刘翔伤退的一系列因素都有哪些？

（3）当疼痛超越了一定限度时，运动员是否会选择消极的心态来进行自我保护？

（4）当一位从未有过伤病的运动员，面对突如其来的伤痛时，是否能够在自我保护与国家荣誉之间寻得一条"和谐之路"？

（5）这种信念与疼痛之间的较量是否与教材中时常提到的渡过"身体极点"的坚持相对等？

（6）恢复期的刘翔在训练时需要注意哪些方面？

......

6　参考文献

［1］张振华、毛振明：《学校体育教材教法》，北京师范大学出版社，2016。

案例附录（部分）：

附录及补充材料

注：附录材料来源于 F 教授"2017 年××××学院学术系列讲座"录音的文字转化。(刘翔部分)

四　我国体育硕士整学期案例教学的实施过程

所谓整学期案例教学的实施过程是指体育硕士某门核心课程一个学期的课时内案例教学的实施方式，即全部使用案例教学，还是将案例教学与传统教学相结合。如何进行搭配，是体育硕士案例教学中不可忽视的实施策略。

案例教学与传统教学相结合的实施方式大体分为以下 8 种（案例教学

用 "C" 表示，传统教学用 "L" 表示）：

（1）整个学期全部使用案例教学，即 CCCCCCC 的实施方式；（2）整个学期以案例教学为主，传统教学为辅，大部分时间使用案例教学，即 LCCCCCLCCC；（3）整个学期以传统教学为主，案例教学为辅，大部分时间使用传统教学，即 LLCLLLCLLCL；（4）整个学期的前半段使用传统教学，后半段使用案例教学，即 LLLLLLCCCCCC；（5）整个学期的前半段使用案例教学，后半段使用传统教学，即 CCCCCCLLLLLL；（6）案例教学与传统教学有规律地混合使用，同一课程内容，第一次课用案例教学，第二次课使用传统教学，即 $C_LC_LC_LC_LC_LC_LC_L$；（7）案例教学与传统教学有规律地混合使用，同一课程内容，第一次课用传统教学，第二次课使用案例教学，即 $L_CL_CL_CL_CL_CL_CL_C$；（8）根据课程不同的教学内容和主题，来决定使用案例教学或传统教学。

体育硕士培养中使用案例教学尚属探索性实践，故全课程使用案例教学不太符合实际。第四种与第五种实施方式都属于混合使用，这两种实施方式拉长了案例教学与传统教学之间呼应的时间维度，不利于学生建立理论与案例之间的关联。而第六种与第七种实施方式过于机械，忽视了核心课程中有些内容并不适用于案例教学，有些课程内容可能需要与其他一些内容共同组成一个案例主题进行讲解。因此，正是案例教学的特殊性，打破了传统教学以课程流程为准，按部就班的教学形式。也正是这种特殊性，使得体育硕士案例教学多采用第三种与第八种相结合的实践方式，即根据不同课程的教学内容和主题而定，混合案例教学与传统教学，形式上以案例教学为主、传统教学为辅。

五　我国体育硕士单元案例教学的实施过程

讨论是体育硕士案例教学实施的主要手段，与传统教学中的讨论不同，案例教学的讨论以案例为载体，况且引发积极探讨也是案例选材及内容编写的重要原则之一。作为一种开放的教学形式，案例教学为老师和学生留下了较大的自我操作空间，但这并不意味着案例教学的实施过程可以随意安排。一般认为案例教学的实施过程分为课前准备、课堂实施及课后反馈。课前准备可分为教师的准备和学生的准备；课堂实施的形式主要为小组讨论、全班讨论；课后反馈以案例总结汇报为主。

体育硕士案例教学的实施过程也基本包含这三个阶段，但不同的是，具体的实施过程会依据体育硕士培养的目标要求、学情特点、学科特点等有所调整。体育学科本身的应用型较强，但很多应用都是基于身体主导的技术类练习，这给案例教学带来一定的挑战。毕竟，案例教学多以文本材料为主，很难通过文字描述形象地展现一些技术分析类的案例。所以，在进行体育硕士培养或课程设置时，应明确哪些情况下使用案例教学需对所授核心课程的内容进行细致分析。例如，在教授体育教材教法这一核心课程时，案例教学可用于体育教学组织和教学评价部分，但体育教案的编写方面则不适合完全使用案例教学进行授课，通常体育教案会以附件形式来完善体育案例的内容结构，用于在体育硕士分析其他问题时提供依据。此外，案例教学在体育硕士中的应用属于探索性实践，加之学生的理论基础尤其是其他学科知识的积淀尚不充分，因此在具体的案例教学实践过程中，需认真思考应采用传统讲授与案例教学之间的何种组合方式来进行教学。

（一）体育硕士案例教学的课前准备

体育硕士案例教学的课前准备主要包括教师的准备和学生的准备，但无论是教师还是学生，案例教学的课前准备都比传统教学花费更多的精力与时间。

教师的课前准备工作主要包括以下几个内容。第一，教学案例准备。教师既要选择、编写恰当的案例，熟悉案例的内容，还要对案例涵盖的理论要点、问题解答、对应课程知识点、覆盖的参考文献等进行深入的了解。只有如此，才能在课堂授课时理得清案例的情境脉络，抓得住案例的核心矛盾，引导得了学生的积极探讨。第二，了解学生情况。教师需要了解学生的体育生涯背景、体育学科的认知素养、有无体育工作经历等，以便为合理选择案例难度和课堂分组做准备。第三，规划教学过程。考虑到教师教学及体育硕士案例学习的适应程度，可以采用传统教学与案例教学相结合的方式，并通过一些介绍，如什么是案例教学、为什么要使用案例教学等引导学生进入课程。一方面，让学生了解案例教学、适应案例教学，另一方面，让教师在实践中逐渐掌握如何引导学生进行积极的课堂讨论。在此之后，教师再将典型、重要的体育教学案例引入教学中。

学生的课前准备工作主要是阅读案例与分析案例。一方面，学生通过阅读对案例内容、议题、事实获得初步了解；另一方面，学生针对案例后面附带的一些引导性问题进行相关资料的收集（科研成果及实证访谈相结合），尝试整理出一份简单的案例分析报告，为课堂讨论及案例汇报做准备。案例一般会提前一周发给学生，在这段准备时间里，学生要适当调整自己以往的学习态度和方法，毕竟这种案例式的备课方式具有较高的挑战性。

（二）体育硕士案例教学的课堂实施

1. 引入案例讨论

引入案例讨论是案例教学课堂实施的起始点，其目的有以下三个。第一，通过教师有组织的案例介绍，进一步加深学生对案例的认识。在之前的案例准备阶段，学生对案例已经有了一些基本认知，在正式授课之时，教师对案例进行引入式介绍，帮助学生修正之前对案例的认知，进而在后续的小组讨论中重新归纳与组织案例汇报材料。第二，通过引入式介绍，激发学生兴趣，调整后续案例讨论的情绪。这就要求教师在引入时，注意创设问题情境，提出挑战问题，抓住矛盾核心，开放探讨环境。第三，介绍此次案例教学的基本程序，例如教学目标、课堂规则、时间掌握等。

2. 小组讨论

小组可以自由组合，也可以由教师安排，人数一般控制在 5 人以下，每组设一个组长与老师进行联络，但组长并非固定的案例汇报人员，事实上每个人都要参与案例讨论。小组讨论的主要目的在于：小组里的每个人对课前各自案例准备中的难点与思考进行讨论，通过集体的智慧形成一个较为统一、翔实、合理的案例报告。借助已有的典型案例讨论以下几个问题（Shulman，1992）：这个案例情境中的主要体育问题是什么？哪些问题是主要的？哪些是次要的？解决问题的做法有哪些？你如此假设的基本体育原理是什么？你如此决策的基本体育经验是什么？你们达成的共识和所学到的体育案例知识都有哪些？

3. 全班讨论

全班讨论是案例教学课堂实施中最关键的步骤。由于之前已进行过小组讨论，故全班讨论之时，教师会要求各小组轮流进行案例汇报，目的在于对案例中的议题、矛盾点等进行确认。在开始全班讨论时，教师需将案例中的一些议题简短罗列出来，为随后的班级讨论做准备。此外，为了节约时间、提高效率，教师在一组学生汇报完后，并不急于去评价，而是将他们论述的内容在黑板上记录下来。一般让准备充分的一组先进行案例汇报，其他小组根据汇报内容进行补充或提出相反意见。面对讨论时意见不一而导致的"冷场"、"走过场"甚至"争吵"，教师要注意引导课堂讨论的有序性与有效性，把握课堂启停的节奏。

4. 教师总结

课堂讨论结束后，案例教学进入归纳总结阶段，一般由教师进行总结。首先，教师需要对讨论的内容进行梳理，对学生一些错误的观点及做法进行纠正，此时大多采用分析性评价而非结论性评价。其次，教师需将自己备课时形成的案例认知与案例知识进行讲解，促进学生建立案例与学科知识之间的联系。最后，教师的案例教学过程也是自我学习的过程，在听取学生案例分析与观点表达的基础上，自我总结出对案例的新认知，并进一步加深原有案例使用说明的内涵与深度。

（三）体育硕士案例教学的课后反馈

体育硕士案例教学课后反馈主要以学生的案例总结汇报为主。教师在案例教学完成后，总结布置案例的作业任务。以文字形式提炼与表现小组集体智慧，是培养学生总结能力，帮助学生将通俗用语转化成科研用语的途径。由于学生对当天课堂上讨论的观点记忆犹新，故案例总结汇报一般要求在课程结束的当天晚上提交。

第三章

我国体育硕士案例教学的第一轮行动研究

为了检验案例教学模式在体育硕士培养中的应用效果，本研究选取了 T 校进行行动研究。该部分行动研究的时间为 2018 年 11 月至 2020 年 1 月，总共分为两个阶段：体育硕士案例教学的第一轮行动研究与第二轮行动研究。本研究的两轮行动围绕克密斯提出的"计划－行动－观察－反思"典型行动研究方式展开。"计划"是整个行动研究的总体规划及每个具体步骤的初步方案；"行动"是研究者对事情发展的情境脉络的认知及其他参与者对此事的评论（本书以典型课例的形式展现）；"观察"是通过有效的技术手段对行动进行考查；"反思"是对本次行动研究循环的归纳。

本章主要内容是第一轮行动研究，时间为 2018 年 11 月至 2019 年 1 月。该部分主要为探索性研究，通过行动研究建立案例教学在体育硕士培养中的初始应用认知，为第二轮行动研究奠定基础。在第一轮行动研究中，教学部分分为前后两个阶段。前半阶段，主要介绍一些案例教学的基本知识，让学习者事先对案例教学有直观了解，如案例教学是什么，与其他教学方式有什么不同，案例教学的课程组织形式是怎样的。后半阶段，使用中国专业学位案例中心体育案例库中的教学案例进行常规案例教学。本轮行动研究的目的在于了解目前构建的案例教学模式存在什么问题，学生、教师对教学案例有什么看法，初步的教学效果如何。因此，该阶段将对问卷、访谈、教学视频、教学反思等调查结果进行分析总结，并对案例教学的实际应用方式进行调整，针对发生的教学现象改进教学流程。

第一节 第一轮行动研究的计划

一 提出行动目的

1. 初步了解案例教学模式应用于体育硕士的实际情况，尤其是教学流程、教学策略方面，以及体育硕士和授课教师的看法。

2. 了解案例教学对体育硕士认知水平的影响，以及体育硕士案例理解水平的变化情况。

3. 分析在体育硕士培养中运用案例教学的有效性。

二 确立行动问题

1. 如何推广初步构建的体育硕士案例教学模式，使体育硕士教学改革取得成效？

2. 开展案例教学前需要做哪些准备工作？

3. 随着案例教学的不断进行，体育硕士的认知水平是否不断提高？

4. 随着案例教学的不断推进，体育硕士是否产生了认知水平方面的变化与差异？

三 明确行动对象

上文提到，第一轮行动研究不涉及体育硕士培养领域，同时多项研究及教学实践表明，在中国的教学环境下，案例教学授课人数不宜过多，以免出现多人"搭便车"的现象。因此，该部分的行动对象主要是 T 校 2017级与 2018 级体育硕士专业学位研究生的组合，其中既有体育教学领域的体育硕士，也有社会体育指导领域的体育硕士，共计 20 人。此外，为了配合教学效果的检测（认知网络分析）及案例教学的课堂讨论，在该轮行动研究中，将这 20 人分为 5 组，每组 4 人。

四 制定行动计划

第一轮体育硕士案例教学行动共进行 8 次授课，计划在 2018 年 11 月至

2019 年 1 月开展。考虑到学生学校的日常活动及各自的行动安排，每次案例教学的时间基本固定在周日下午，两次课的间隔为 1 周。案例阅读材料提前一周发给学生，要求学生在做好案例阅读的同时，针对案例中提及的核心问题及自己感兴趣的问题，进行资料搜集与汇总。各小组成员自行分工，为下周的案例讨论环节做准备，并确定一名主汇报人。具体的案例教学课堂行动计划包括教学案例的获取计划及案例教学的课堂实施计划。

（一）体育硕士案例教学的教学案例获取计划

上文提到，此轮行动研究的对象不局限于体育教学领域，主要目的在于探索案例教学如何开展及初步检验教学效果。因此，并没有针对某一培养领域进行教学案例采编，更没有涉及教学案例素材的搜集、整理、改造与编写等具体工作，而是直接选取了已发表的体育硕士教学案例。从中国专业学位案例中心获取的体育案例，在案例内容、适用核心课程、专业领域/方向等方面存在一定的联系和差别。所以，本书确立了以核心课程为主的教学顺序，将相同核心课程或相似核心课程放在一起，既方便案例教学的安排，又保持了案例学习的连续性（见表 3 - 1）。

表 3 - 1　第一轮行动研究的教学案例获取与展现

课时序列	案例名称	适用核心课程	关键词	专业领域/方向
课时 1	心肺适能运动处方实施过程	体适能理论与方法	心肺适能；风险筛查；运动处方；心血管疾病	体育教学
课时 2	肌肉适能的运动处方	运动处方	肌肉适能；运动处方；案例教学	体育教学
课时 3	体成分的脂肪变化——运动减肥	运动处方	体成分；肥胖；内脏脂肪；运动处方；运动强度	社会体育指导
课时 4	马拉松损伤——体育课教学中的伤病	运动伤病的防治与康复	马拉松；劳力性热射病；恢复	体育教学
课时 5	刘翔退赛始末——运动损伤	运动伤病的防治与康复	刘翔；退赛；中国田径；110 米栏	运动训练
课时 6	罗雪娟备战雅典奥运会——运动训练负荷调控	运动训练理论与方法	罗雪娟；体育竞赛；竞技能力分析；训练计划调控	运动训练

续表

课时序列	案例名称	适用核心课程	关键词	专业领域/方向
课时 7	刘翔退赛事件——运动训练监控	运动训练科学监控	刘翔退赛；跨栏起跳；运动监控；跟腱损伤	运动训练
课时 8	社会空间领域的激烈争夺——大众体育管理	大众体育管理	广场舞；篮球场；锻炼；篮球；社会空间	社会体育指导

（二）体育硕士案例教学的课堂实施计划

1. 引入案例阶段

每次上课前一周，教师需要对体育硕士发放教学案例并告知课前所需的准备工作。教师根据教学内容，有针对性地选出案例中的 1~2 个问题。这些问题一般都具有冲突性及课程知识的覆盖性。教师要求学生根据自己的观点就其中一个问题准备必要的材料。这些材料可以来源于网络、科研文献、实证访谈，材料的形式可以是文字、音频等。教师在授课前必须跟学生强调几点：一是材料来源要具有合法性与真实性；二是用于案例讨论的材料需认真准备，保证内容的条理性；三是论证的材料无论是何种形式，都需在上课前做好软硬件的准备。此外，在正式授课时，教师需要创设案例情境，快速导入案例，为学生的案例探讨预热。这其中包括案例情境的简介、核心问题的确立、讨论时间的规定。

2. 案例讨论阶段

首先是小组讨论，小组讨论时间控制在 10~15 分钟，各小组成员对各自整理的内容进行总结，每个小组成员还要做好大讨论时的角色分工，包括主讲者、记录者和参与补充者。在此期间，教师做好巡视工作，听取小组间的讨论，明晰小组间的问题，但不予以解答。

其次是全班讨论，全班讨论是案例教学的关键环节，虽然案例教学秉承以学生为主体的理念，但教师的角色扮演也极为重要。本轮行动过程中，要求教师扮演好"控制者"的角色，一是控制时间，二是控制方向。所谓控制时间，就是要控制讨论的整体时间、每组的发言时间、组与组之间的冷场时间。所谓控制方向，就是要控制学生讨论的结果与课堂的进程。学生讨论的结果方向要正确，要理论联系案例实践，同时具备创新性及反思性；课堂的进程要有利于讨论，有利于使沉默的学生发声，有利于学生精炼地表达。

3. 案例总结阶段

首先是案例教学的归纳总结，归纳观点时教师保持中立，既要对不同的观点进行梳理，还要从观点中总结出一般经验，不可过于强调极端的事件。之后适当给学生布置一些继续关注此类案例参考性资料的作业。其次是案例教学的效果反馈，让学生总结此次案例学习中的个人感受或感悟，但要注意控制时间。

第二节　第一轮行动研究的行动：案例教学典型课例展现

本次课选择的教学案例是《社会空间领域的激烈争夺——大众体育管理》（案例入库编号：201804520006），案例正文 6 页，总共 13 页。教学时间为 2019 年 1 月 6 日，地点为 T 校体育教学研究中心，课时为 60 分钟，教学人数为 20 人，男生 9 人、女生 11 人，根据自愿原则分为 5 组。

一　教学案例的背景

2017 年 5 月 31 日，河南省洛阳市王城公园篮球场内发生一起打架斗殴事件，双方的矛盾主要产生于对篮球场的争夺。其实双方在此事发生前一段时间内就已出现对这片篮球场的争夺现象。由于打篮球的人多为年轻人，这类群体的下班时间具有规律性，赶到球场的时间大约为晚上 7 点。而跳广场舞的人群也在同样的时间段内出现在篮球场上，进行广场舞锻炼。

中国大众出现的体育锻炼意识说明我国在大众体育普及方面取得了一定的成效，但两个群体的冲突，却显示了当下中国在全民健身的道路上还有很长的路要走。网络社交早已成为年轻人的生活方式之一，他们喜欢在网络上发表诉求，寻找网络中相似群体的安慰。

　　打篮球的人曾在微博中表示无奈："每到晚上 7 点钟，也是上班族刚下班的时候，正是打球时间，可跳广场舞的大妈们每天都按时按点来球场占场。"

　　但跳广场舞的人群却在时代发展的大背景下，渐渐与互联网产生了脱轨现象。双方始终找不到一个合适的平台来进行沟通，唯一的见面机会基本都在所争夺的篮球场上，稍有不慎便会出现语言甚至肢体上的冲突。在争吵过程中，双方的焦点主要集中在篮球场使用权的归属问题上。

　　打篮球者强调："这是篮球场！"
　　而广场舞群体代表却表示："23 个小时都是篮球场，就这一个小时不是。"

　　虽然从语言逻辑上来讲，这个回答有些牵强，但语言内容也从侧面反映了广场舞群体对于场地的诉求与无奈。正是由于广场舞群体越来越多，大家相互之间建立了良好稳定的社交关系，大伙儿分开几组各自跳广场舞，显然是大部分人不愿意做的。对更大场地的需求，迫使广场舞群体不得不用这样要赖式的语句对场地进行抢占。年轻群体，尤其是洛阳的篮球爱好者为了重新获得篮球场地的使用权，通过网络媒体进行集结，并在第二天组团前往篮球场。而广场舞群体也在同一天加入了很多新人，整个广场舞群体也有所扩大。

二　教学分析

（一）教学内容分析

　　社会发展对生活方式、生产方式、生活环境的影响都在冲击着群众参与体育活动的方式。社会体育的发展与社会现代化进程保持同步，中国有着独特的社会体育发展模式，这种模式既有优势也有不足。面对群众需求与场地供给之间的矛盾，基于体育社会学及社会体育导论等相关理论观点，引导学生化解案例中的矛盾，并在学习中真正掌握解决体育社会问题的原则与对策，以及社会调查的科研方法。

（二）学生分析

本次授课的学生包括体育教学领域的硕士 16 人、社会体育指导领域的硕士 4 人，全部来自 T 校且都是全日制体育硕士，无工作经验。经过前段时间的案例学习，这些学生已基本了解和适应了案例教学，基本熟悉课前准备与课堂流程，案例认知能力渐入佳境。根据毅伟商学院的案例难度模型，第一轮行动研究最后一次课的案例在概念难度上属于 1 级，但在分析难度和陈述难度上属于 3 级。此外，这个案例未给出明确实施措施，无疑增加了案例分析难度。鉴于学生的案例认知与分析水平已有所提高，第一轮行动研究的最后阶段选择了这样一个难度较高的案例进行授课。

三　教学设计

基于纳尔逊和普赖斯（2016）的"有效教学设计"及林德斯（2011）的"案例教学"与"案例学习"的关键要义，进行本轮行动研究的案例教学设计。其中，借鉴了"有效教学设计"的八大基本要素：预设、预备、导课、主体、练习、结课、评价及编辑；借鉴了"案例教学"中案例课堂流程的四个构成部分：开始、问题分析、备选方案和决策标准、行动/实施计划；借鉴了"案例学习"中的小组讨论规则、不确定情境下全班讨论的贡献。具体教学设计例证如下：

T 校体育硕士案例教学第一轮行动研究 第 8 次课

1　预设

1.1　关联性

按照专业学位类别硕士学位基本要求，以体育事业人才需求为导向，为我国体育事业发展输出合格的社会体育指导员。

1.2　目标

（1）理解社会体育管理的基本内容与方法，明白影响社会体育发展的因素。

（2）认识什么是体育群体。

（3）了解社区体育的发展趋势，以及体育与现代社会之间的关系。

1.3　目标理由

这节课的学习，有利于学生理解社会体育管理的基本内容与方法，有利于学生厘清影响社会体育发展的因素。

1.4　材料和设备

（1）课前材料：提前一周将《社会空间领域的激烈争夺——大众体育管理》案例的相关材料发给学生。案例中包含教学手册、参考文献，并附上了《公共文化体育设施条例》等文件，考虑到学生研读案例与准备案例材料时的自主性与探索性，相关政策法规文件没有一起发给学生。

（2）课上材料：影视视频 3 份（事件经过视频 1 份、后续处理视频 1 份、后续报道视频 1 份）、幻灯片 1 张、投影仪、5 个桌组（每组 4 人）、案例正文打印材料 20 份。

2　预备

2.1　吸引注意

"让我们开始吧，注意，当我喊'停'时，大家讨论停下，听我说或听听别人的看法。"

2.2　行为期待

积极参与案例讨论、表达观点，尊重及认真聆听其他小组的观点。

3　导课

3.1　建立与激活案例背景

播放"斗殴"视频，观看后提问"你们觉得案例中反映了什么体育社会问题？你们身边遇到过这样的情况吗？解决案例中的矛盾是不是双方都要做出让步？如何看待网络上'一边倒'的看法？"

3.2　教学目标的陈述

首先，请大家谈谈"群众体育与社会变迁之间的关系"；其次，尝试说出几种解决案例中社会体育问题的管理办法；最后，面对复杂的体育社会问题，掌握科学的社会调查研究方法，尝试就解决体育社会问题的原则与对策提出自己的看法。

4 主体

4.1 开始的提问

（1）指示性问题：你如何理解案例中发生的体育现象与现代社会之间的关系？如果你处在案例中这个人物的位置上，基于当时的情况，你会怎么做？

（2）非指示性问题：你们打算对这个现象谈些什么？

4.2 定义案例问题

案例中的基本问题到底是什么？（解决案例讨论前体育硕士之间的认知差异）哪些是重要问题？哪些是紧迫性问题？请大家在案例问题矩阵中展示。（有助于体育硕士根据表1定义案例问题的等级程度，设计好区分度、先后次序、方案选择、行动准则等）

表1 定义案例问题的等级程度

重要/紧迫	低	高
低	等级1	等级2
高	等级3	等级4

资料来源：路易丝·A. 林德斯等：《毅伟商学院案例学习》，赵向阳、黄磊译，北京师范大学出版社，2011。

4.3 案例分析

（1）分析案例的因果链条、案例中事件与事件及人与人之间的关系。

（2）分析案例中问题的限制条件及相关机会。（限制条件隐藏于案例的特定环境下，如本案例中，体育场地大小、体育场地与居民生活配套之间的位置、场地灯光与音响拉线的方便程度等）

（3）寻找特定概念背后的意义。（例如："23个小时都是篮球场，就这一个小时不是""共用场地与场地专业化功能"）

4.4 行动方案的提出与案例讨论

（1）行动方案的提出：①依据案例中的限制条件；②依据个人以往的知识与实践经验；③依据已查阅的理论基础；④依据案例问题的等级程度。

（2）小组案例讨论的规则：①保证每个小组成员的参与；②做好小组成员的角色分工，包括主讲者、记录者、参与补充者；③发言不能拘泥于个人；④大讨论之前，尽量达成小组意见的一致。

（3）大班案例讨论的有效性：①对案例表现的认知程度（个人认为有无意义）；②讨论时的行动表现（是否出现不想、不明白、不愿意的表现）；③对案例分析及案例对策表述的模糊程度；④对已确定过的结论进行的无意义探讨。具体讨论见表2。

表2　大班案例讨论有效性的贡献表现

有效讨论	无效讨论
"我觉得我的案例表达还不充分，但我就只能想到这么多了"	"我觉得这个案例一点意义没有"
"如果再给我点资料，我能很好地论述我的观点，但当前能找到的就这么多，我觉得如果能有……方面的材料的话，我能更明白地解读这个案例"	"我不想再看这个材料，我不明白它们之间的关联到底是什么"
"这个案例行动方案可以这么来制定……"或"我还没有制定出方案，出于这样的考虑……，我觉得还差点……，就目前的材料，我觉得……"	"嗯，显然良好的执行方案更容易推动此事的发展，它在解决矛盾中很有意义"
"你现在论述的这个事情，我确实不知道"	"我觉得对于之前那个方案，还有一个可以否定它的理由"

资料来源：路易丝·A.林德斯等：《毅伟商学院案例学习》，赵向阳、黄磊译，北京师范大学出版社，2011。

4.5　监督发现的过程

（1）教师巡视监督过程中，问问学生发现了什么，听听学生讨论了什么，看看他们正在思考什么。

（2）教师巡视监督过程中，注意及时调解可能出现的组员之间的冷漠、胡闹、互相攻击等问题。

5　结课

（1）你是否已将今天所学的内容、个人观点、记忆犹新的部分做好回顾与记录？

（2）你是否弄懂案例中所呈现的内容及隐藏的实践知识？

（3）你从这节案例课中收获了什么？

（4）你在小组讨论和全班讨论中是否有所贡献？

6　时间安排

阶段	时间	教师	学生
引入案例阶段	15 分钟	案例导入（定义案例问题）	接受案例材料（研读材料或观看案例视频）
案例讨论阶段	小组 10 分钟	1. 案例分析引导 2. 小组讨论巡视 3. 控制大班讨论节奏	1. 参与小组案例讨论 2. 提出反对看法 3. 分享案例认知观点 4. 提出案例行动方案
	大班 20 分钟		
案例总结阶段	15 分钟	1. 总结案例课程 2. 评价学生表现	验收今日收获

第三节　第一轮行动研究的观察与反思

一　主要目的

1. 对体育硕士案例教学模式第一轮行动研究的整体效果进行观察反思。

2. 了解体育硕士在案例学习中整体认知能力的变化情况。

3. 了解师生对案例教学模式的看法。

二　主要方法

（一）访谈法

在本轮行动研究中，将访谈法与行动研究过程的"观察"与"反思"阶段相结合，在每节课程、阶段性课程、最终课程等不同阶段进行访谈，了解教师对案例教学的评价，同时收集学生在参与案例教学后的收获、感想、建议等。

（二）观察法

观察是人们日常生活中广泛采用的一种活动方式，本轮行动研究采用观察法，探讨案例教学的效果。对本轮行动研究的案例教学课程进行录像，以本书第二章提到的 SOLO 案例学习理解水平评价框架为视频分析的依据。在分析的基础上，对学生的行为表现进行编码，结合网络在线建模平台 ENA Webkit，标记学生回答案例问题的理解水平与思维结构，建立二进制表格，导入 ENA 软件，得出学生学习理解水平结构变化的网络化特征。

（三）认知网络分析法（ENA）

ENA 的分析资料主要来自体育硕士的话语。通过对案例教学过程所录制视频的观察，记录每个小组在回答案例问题及案例讨论过程中的语言表达，将最终的数据导入 ENA 软件中进行标记代码之间的分析，建立基于节的交互数据下的网络模型，得出每一节课中不同小组案例学习理解水平的动态网络。在分析的过程中，每组回答案例问题的话语设为一个节，将一节课中所有小组成员的话语评价设为一个分析单元。一个分析单元里所有节的要素集合的并集，能够全面反映学习者在案例课程学习中的学习理解水平。最后对教学过程进行两个或三个阶段的切割，观察案例教学过程中学生学习理解水平网络的动态变化过程。

1. 编码

编码内容分为观测点、课时、小组及表现四个部分。观测点方面，以四次课为一个单元。在编码过程中，将体育硕士案例教学分为两个阶段，第一个阶段是第一次课到第四次课，第二个阶段是第五次课到第八次课。

编码参照 SOLO 案例学习理解水平评价框架中学生的学习水平层次，对每组体育硕士在案例讨论或案例问题回答时的话语进行分析。例如，按照框架解释，若小组成员在回答案例问题时"提不出解决问题的相关知识信息，且信息表达混乱"，则将其视为处在"前结构水平"层次。鉴于这样的分析依据，及 ENA 导入原始数据的基本要求，将达到某种水平的体育硕士小组标记为"1"，未达到的标记为"0"，若某种结构水平重复出现则依旧标记为"1"。也就是说，采用二进制的编码形式，对符合框架维度的元素编码。表3-2展示了导入ENA Webkit之前的部分编码内容，即本轮行动研究的观察者，对体育硕士在整个案例教学过程的第一阶段和第二阶段中符合SOLO案例学习理解水平的元素进行编码。

表3-2　第一轮行动研究体育硕士案例认知水平编码示例

观测点	课时	小组	前结构水平	单点结构水平	多点结构水平	关联结构水平	抽象拓展结构水平
第一阶段	第一次课	A	1	1	0	0	0
第一阶段	第一次课	B	0	0	0	0	0
第一阶段	第一次课	C	0	1	1	0	0
第一阶段	第一次课	D	1	0	1	0	0
……	……	……	……	……	……	……	……
第二阶段	第五次课	A	0	1	0	1	0
第二阶段	第五次课	B	0	0	0	0	0
第二阶段	第五次课	C	0	0	1	1	0
第二阶段	第五次课	D	1	0	0	0	0
……	……	……	……	……	……	……	……

2. 创建网络模型

建模是ENA分析的重要阶段，其整体步骤依次是：第一，对每个节的数据构建邻接矩阵；第二，对每节得到的邻接矩阵进行累加；第三，进行向量归一与奇异值降维分解（王志军、杨阳，2019）。这些分析过程基本在ENA Webkit的后台计算完成，这里主要展现以"节"为单位的每一组编码累加后的编码（见表3-3）。由于累加编码是创建网络模型的前提，编码累加的形式依旧是二进制，上下数据累加时，若同一栏中标记过"1"，则最终形成的累加编码为"1"，若同一栏中没有出现"1"，全是"0"，则最终形成的累加编码为"0"。

表3-3　不同节中编码数据的累加

观测点	课时	小组	前结构水平	单点结构水平	多点结构水平	关联结构水平	抽象拓展结构水平
第一阶段	第一次课	A	1	1	1	0	0

续表

观测点	课时	小组	前结构水平	单点结构水平	多点结构水平	关联结构水平	抽象拓展结构水平
第一阶段	第三次课	B	1	1	1	1	0
……	……	……					
第二阶段	第五次课	C	1	1	1	1	0
第二阶段	第七次课	D	0	1	1	1	0
……	……	……					……

三 主要结果

(一) 体育硕士案例认知水平结构具有显著性差异

将本轮行动研究数据导入 ENA Webkit 进行后台计算分析，形成体育硕士案例认知水平整体结构，以及第一阶段与第二阶段体育硕士案例认知水平结构图（见图 3-1）。

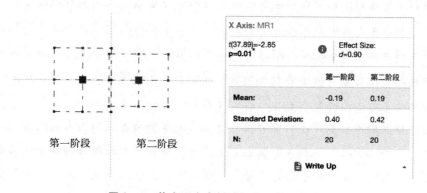

图 3-1 体育硕士案例认知水平整体结构

图 3-1 是第一轮行动研究两个阶段体育硕士案例认知结构的"质心"位置分布图及两者之间的差异情况。其中，大正方形代表不同课的案例认知水平的质心，而小正方形代表不同阶段的平均质心。通过 ENA 软件进一步对两个阶段进行独立样本 t 检验后发现：案例教学行动研究前后，体育硕士的案例认知水平具有显著性差异（$p = 0.01 < 0.05$）。但显著性差异并不能说明体育硕士案例认知水平的提高，因此需对两个阶段的体育硕士案例认知水平进行比较。

(二) 体育硕士案例认知水平得到提升

为了便于分析行动研究对体育硕士案例认知水平的影响，本研究分别将两个阶段体育硕士的整体案例认知水平生成认知网络图 (见图 3 – 2)。

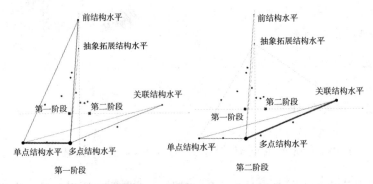

图 3 – 2　第一阶段到第二阶段体育硕士的整体案例认知水平变化

图中的节点大小代表案例认知不同结构水平出现的频次，出现的频次越多，节点越大；节点间连线的粗细与两个连接点之间的共现频次呈正相关。如第一阶段单点结构水平与多点结构水平之间的连线，粗于多点结构水平与关联结构水平之间的连线，说明在这一阶段中，体育硕士的整体案例认知水平在单点结构水平与多点结构水平之间共现的次数，多于在多点结构水平与关联结构水平之间共现的次数。

从节点大小来看，第一阶段中单点结构水平与多点结构水平的节点较大，而第二阶段的节点大小发生了变化，主要表现为关联结构水平的节点增大，其他节点变化不大。这说明，随着案例教学的开展，体育硕士的案例认知在关联结构水平上得到明显提高。

从节点之间的网络密度来看，第一阶段体育硕士的整体案例认知网络重心偏左，而第二阶段的网络重心偏右，且具有高层次理解水平的认知结构层次基本偏右。事实上，网络密度的大小并不能直接说明认知结构层次的提升与否，但能够说明案例教学让体育硕士的认知网络水平逐渐转向一种深层次的理解水平 (偏右代表理解水平层次较深)。

从节点之间的强弱关系来看，第一阶段围绕单点结构水平和多点结构水平之间建立了较强的关系，第二阶段则围绕多点结构水平和关联结构水平之间建立了较强的关系。这说明随着案例教学的开展，体育硕士的认知水平逐渐加深，提高了多点结构水平与关联结构水平之间的共现频次，降低了单点结构水平与多点结构水平之间的共现频次。

还有一点十分值得注意：随着案例教学的开展，体育硕士的整体案例认知中不再出现前结构水平与单点结构水平之间的共现，单点结构水平与多点结构水平之间的共现频次降低，多点结构水平与关联结构水平之间的共现频次提高。这说明本轮行动研究的对象存在高水平组和低水平组，因此这些节点之间的特征可能实现。

综上所述，案例教学能让体育硕士获得案例认知水平的提升，即一种由浅层理解水平向深层理解水平的变化。这种变化重点体现在多点结构水平与关联结构水平之间，对更高层次的抽象拓展结构水平的影响不大。

（三）各小组体育硕士的整体案例认知水平逐渐提升

1. A 组体育硕士的整体案例认知水平

从图 3 - 3 可以发现，A 组体育硕士单点结构水平的节点最大，抽象拓展结构水平的节点最小，其他节点大小不明显。节点网络重心偏左，理解水平层次偏浅；网络密度大，案例认知水平的区分度不高。

在节点之间的强弱关系方面，A 组体育硕士在单点结构水平与前结构水平、多点结构水平及关联结构水平之间建立了较强的共现频次。但多点结构水平与关联结构水平、关联结构水平与抽象拓展结构水平之间未建立联系。

2. B 组体育硕士的整体案例认知水平

从图 3 - 4 可以发现，B 组体育硕士多点结构水平的节点最大，抽象拓展结构水平的节点较小。节点网络重心偏左，理解水平层次偏浅；网络密度小，案例认知水平的区分度高。

在节点之间的强弱关系方面，B 组体育硕士只在多点结构水平与前结构水平、单点结构水平及关联结构水平之间建立了共现频次，未与抽象拓展结构水平之间建立联系。从共现频次的特征来看，单点结构水平与多点结构水平之间的连线最粗，而多点结构水平与关联结构水平之间的连线较细。这表明随着案例教学的开展，B 组体育硕士案例认知水平有所提高，但基本停留在浅层与较浅层，很少进入较深层。

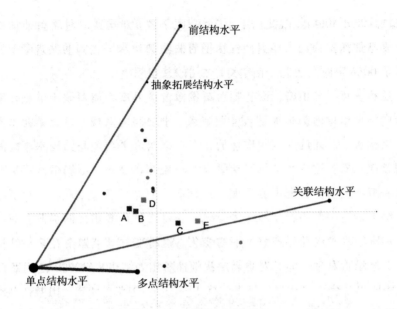

图 3 - 3　A 组体育硕士的整体案例认知水平

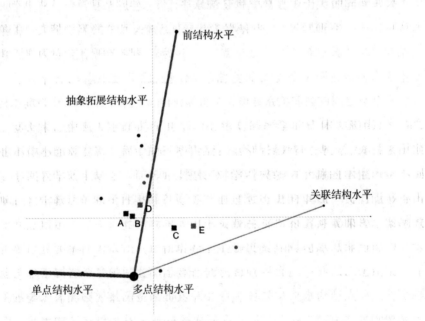

图 3 - 4　B 组体育硕士的整体案例认知水平

3. C 组体育硕士的整体案例认知水平

从图 3 - 5 可以发现，C 组多点结构水平的节点最大，抽象拓展结构水平的节点最小，其他节点大小不明显。节点网络重心偏右，理解水平层次偏深；但网络密度大，案例认知水平的区分度不明显。

在节点之间的强弱关系方面，每个节点之间都建立了共现频次。从共现频次的特征来看，多点结构水平与关联结构水平之间的连线最粗，而其他连线都较细，但前结构水平与关联结构水平、关联结构水平与抽象拓展结构水平之间未建立连线。值得注意的是，C组的案例认知水平网络节点中，出现了抽象拓展结构水平，同时，前结构水平与抽象拓展结构水平之间也出现了连线。这表明随着案例教学的开展，C组体育硕士案例认知水平的发展经历了所有结构水平，并且渐入佳境，基本停留在较浅层与较深层，曾进入过深层。

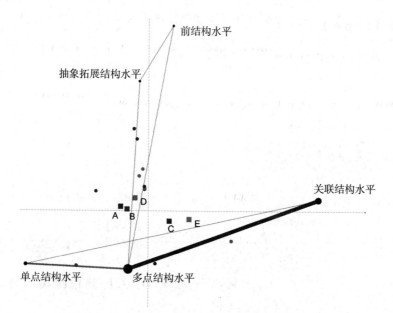

图 3 – 5　C 组体育硕士的整体案例认知水平

4. D 组体育硕士的整体案例认知水平

从图 3 - 6 可以发现，D 组单点结构水平与多点结构水平的节点较大和最大，其他节点较小。节点网络重心偏左，理解水平层次偏浅；网络密度大，案例认知水平的区分度不高。

在节点之间的强弱关系方面，D 组在单点结构水平、前结构水平与多点结构水平之间都建立了较强的共现频次。虽然单点结构水平与多点结构水平、关联结构水平之间也建立了连线，但共现频次较低。这表明随着案例教学的开展，D 组体育硕士案例认知水平有所提高，但基本停留在浅层与较浅层，很少进入较深层，没有进入过深层。

5. E 组体育硕士的整体案例认知水平

从图 3-7 可以发现，E 组多点结构水平的节点最大，其他节点较小。节点网络重心偏右，理解水平层次偏深；网络密度小，案例认知水平的区分度高。

在节点之间的强弱关系方面，E 组在多点结构水平与关联结构水平之间都建立了较强的共现频次，与抽象拓展结构水平之间建立了次强的共现频次。这说明随着案例教学的开展，E 组体育硕士案例认知水平有所提高，并保持较高层次，在整个案例学习中多次表现出深层次案例理解水平。

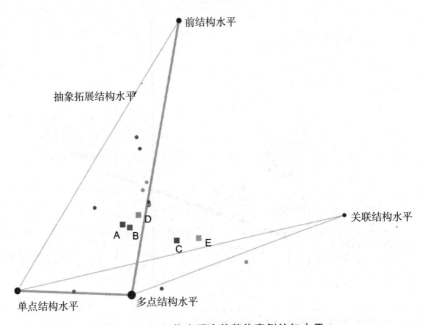

图 3-6 D 组体育硕士的整体案例认知水平

综观以上 5 组分析，本研究发现各小组体育硕士的整体案例认知水平都得到了提升。其中，A 组、B 组、D 组的案例认知网络重心偏左，而 C 组与 E 组的网络重心偏右。此外，经过案例教学后，只有 C 组和 E 组在抽象拓展结构水平与节点最大的多点结构水平之间建立了连线，而其他三组都表现为与前结构水平之间建立了较强的连线。因此，C组和E组体育硕士认知水平的提高程度要优于A组、B组和D组。

对以上5组的分析，可以得出一个共性：所有体育硕士认知水平的提高，都依据多点结构水平与关联结构水平之间建立的连线网络图。由于所有的网络图都是最后一次案例教学课的测试结果，并不能反映低水平组和高水平组提高的动态特征，以及具体在哪些地方得到了提高。

因此，需要将低水平组与高水平组的数据进行重新整理，形成新的编码数据，并观察两组认知水平的变化过程，分析彼此间的差异。

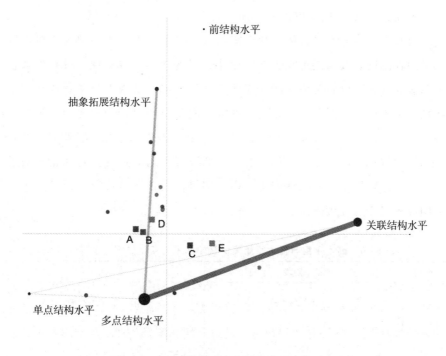

图3-7 E组体育硕士的整体案例认知水平

（四）高水平组与低水平组案例认知水平的变化过程与差异分析

为了观察行动研究的高水平组和低水平组体育硕士，本研究重新创建了低水平组和高水平组的案例认知水平组合图，既包含最终的认知情况，也包含不同水平的变化情况。

从表 3-4 中发现，低水平组体育硕士案例认知水平的提高具有如下特征：第一，消除了与前结构水平之间的联系，加强了单点结构水平与多点结构水平及关联结构水平之间的联系；第二，弱化了单点结构水平与多点结构水平之间连线的共现频次，增强了单点结构水平与关联结构水平、多点结构水平与关联结构水平之间的联系。

高水平组体育硕士案例认知水平的提高具有如下特征：第一，消除了与前结构水平的联系，依旧保持与其他结构水平的联系；第二，弱化了单点结构水平与多点结构水平之间连线的共现频次，重点增强了多点结构水平与关联结构水平之间的联系。

由此可见，低水平组体育硕士案例认知水平的提高是一种由浅层理解水平到较浅层和较深层理解水平的变化，但变化存在波动性，没有带来较为明显的区分。也就是说，随着案例教学的开展，低水平组体育硕士的案例认知水平虽有所提高，但在案例理解方面没有形成较为固定的思维与处理智慧。高水平组体育硕士案例认知水平的提高是一种由浅层理解水平到较深层理解水平的变化，其变化有明显的区分。这两点变化特征也说明了高水平组体育硕士的案例认知水平提高明显，且在案例理解方面形成了较为固定的思维与处理智慧。

表 3-4　高水平组与低水平组案例认知水平的变化过程与差异分析

续表

组别	第一阶段	第二阶段
高水平组		

（五）学生的反馈

为进一步了解体育硕士在这一阶段案例教学后的所思与感悟，本研究通过访谈的形式，在课后对学生进行访谈，将访谈的内容转化成为文本，并对每个学生进行编码，例如 A 小组的第一位学生为"GA-S – 1"，研究人员用 R 表示。通过对访谈资料的整理和提炼，得出如下结果。

1. 对体育教学案例的兴趣

学生的反馈表明，通过参与体育硕士案例教学，他们对体育教学案例的兴趣有所提升。学生的访谈反馈显示，他们开始关注身边发生的体育案例，而且当相似案例收集到一定程度时，他们能自然地揭示出里面所包含的有趣现象。

> GE-S – 2："我一直觉得，这类的体育素材并非那么重要，我总觉得跟书本中的知识比起来，它们显得不够'高大上'，书本中的理论知识对我来说高深莫测，有的也很难懂。但我现在才发现，要搞懂那些理论知识，原来需要借助这些体育案例……我真觉得，有必要关注一下身边的体育事件了。"

另一位学生也谈到，经过案例学习后，自己最近都在不断整理身边发生的体育故事，并且从中体会到了体育教师身份认同的无奈。

　　GA-S－3："不知道你最近看没看过那个女教师拦高铁，而后主持人说'若是体育老师拦，我觉得此事还不违和'的事情，我突然意识到我国体育教师的社会地位好低啊。我后来去逛了身边朋友推荐的体育教师论坛，大家全在里面谈论自己现在在学校的地位问题，我突然发现，这与我最近看的'身份认同'有很大的关联，所以我最近都在整理相关的体育案例。"

2. 对相关知识/概念的理解

　　学生的反馈表明，体育硕士案例教学有利于加深他们对相关知识/概念的理解。具体来说，体育硕士发现以前不太容易搞懂的知识/概念，在案例的辅助下变得通俗易懂。大部分学生都认可体育案例教学在这方面的帮助，他们在案例学习中得出了一种较为普遍的共识：案例能帮我们具体地看待体育实践，而看问题的角度一旦具体了，对背后知识的理解也就更加深入。

　　GA-S－1："我对广场舞那个案例印象比较深，以前老师讲问题都是举个例子，代入感没有案例那么强。虽然这个案例充满了让人愤慨的地方，但我想说的是，这个案例对我理解'社会分层'这个概念有很大的帮助。"

　　GD-S－4："对，对，提到那个案例，我也有这样的感受。我认为'中国现在的社会阶层分化，使得不同社会阶层人群在体育活动场所的要求与选择上存在明显的差异，体育资源设施在原有的自然性社区中的分配，越来越依靠政府有限资金在各个社区内的平均分配，这已难以满足社区群众的体育健身需求'。"

　　R："哇，学会用理论来解释这个体育现象，你很棒了呀。"

　　GD-S－4："其实你会发现，你渐渐从体育案例中收获了一些知识。"

　　R："怎样的知识？"

GD-S - 4:"我认为是一种书本表达不出来,但在实践中能体会到的知识。"

3. 对体育领域的研究兴趣

通过案例教学,体育硕士普遍建立了对体育领域的研究兴趣,这一兴趣可以通过三个方面体现:一是在研究范式方面产生了对个案研究的兴趣;二是在研究环境方面得到了合作科研的快感,而非无奈地应付合作要求;三是在研究认知方面反映案例能让科研语言"活"起来。

GB-S - 2:"我发现案例教学的案例有很多可以研究的地方,我觉得案例中有很多有趣的事情,比数字要生动得多。"

GC-S - 4:"我倒觉得体育案例本身能让科研中的观点得到良好的支撑,案例内容很形象、很接地气,我经过案例教学之后,才理解之前论坛里那个老师讲的话'论文只要一具体就深入,而具不具体就看实证材料好不好'。"

GC-S - 2:"我认为案例教学帮我结识了一帮为了一个问题在一起研究的志同道合的人。我觉得这是我所期望的研究生生活。"

4. 对其他能力的获取

通过案例教学,体育硕士还获取到一些看似与体育基本理论无关的能力,这些能力都隐藏在个人的行动表现之下,同时也是个人在未来体育工作领域中必须获取的能力。这些能力主要有以语言及文字形式为主的清晰表达个人观点的能力、以资料搜集与汇总为主的研究能力、以留意到别人观点并想办法促进小组间合作为主的人际能力。

GB-S - 2:"其实,刚开始进行案例学习时,我总是做一个观望者,因为我总不能清楚表达我的观点,就是那种很乱的表达。后来,通过小组之间的交流,我慢慢从大家身上学到一些表达能力。尤其是经过案例分析之后,我学会在面对一个体育问题时,如何界定它、如何发现其中的关键链以及如何剖析这些关键链,其实,找准问题里的关键链就找到了问题的关键，也就不会有那么多无关内容的表达。"

R："你所指的'链'是什么？"

GB-S-2："其实就是把问题相关的信息分成几个部分，对每个部分简单分析，重点论述，少说废话，语句精炼一些。你会慢慢发现，找准问题、清晰表达是与养成精炼语句的习惯有关的。"

R："面对问题，要尝试去回答，总要找到支撑观点的东西。"

GB-S-3："其实我们小组当中，搜索资料不是什么难事，我觉得这种技能是可培养的，倒是每次大家讨论时，处理各自的不同观点，促进合作挺难的。"

R："那案例教学对这方面是否有帮助？"

GB-S-3："我认为帮助最大的是，能把自己的观点解释清楚，能把事情的问题找准，能减少交流上的困难。分歧少了，合作就多了。"

（六）教师的教学反思

通过对案例教学授课教师的访谈，进行访谈文本资料的整理与提炼。研究发现，体育硕士案例教学对教师带来一定的挑战。

第一，资料牵涉多，备课消耗时间长。

"我接触案例教学之后才发现，其实它就是在案例研究的基础上，将案例研究转化成一种教学材料。这就需要我去补充很多辅助材料，案例研究本身强调语句的精炼，但案例教学则需要做多手准备，为了方便案例教学的开展，你要知道很多案例中的情境。""不可否认，正因为如此，时间精力全消耗在里面，起初我还看了一些关于案例教学如何开展的资料，后来时间不允许，平时课务还有很多，我就只能跟着经验去判断。"

第二，早已习惯以讲授为主的教学方式，对扮演引导者角色需要不断适应。

案例教学过程中,教师其实不止扮演一种角色,比如既要像平时那样进行正常讲授,还要扮演一个"撮合者"。有时一些体育硕士的观点有些偏执,我尝试去调整,但效果并不好,讨论过热容易出现相互顶撞的现象,讨论遇冷,你就得想点办法让课堂"活"起来,这时候其实跟你准备的其他材料的质量有关。这个质量的好坏就是指材料内容的矛盾程度明不明显、热度或关注度高不高,更重要的是有没有触碰到学生价值认知的临界点。

第三,有些体育案例很难满足课堂讨论的基本时间。

"体育硕士教学案例匮乏,你上过课就会发现,有些案例其实不能满足课堂讨论的基本时间。有个案例,大讨论的时间不到 10 分钟,这不是因为学生不够努力,而是这个案例的导向太明确了,讨论矛盾点有难度,也很难实现。课前我也留意到这个问题,我在备课的时候尝试从过程的角度去讨论这些事情背后的隐喻,但可惜的是,我个人在这方面的实践经验不足,导致没能引导好这节课。""我有时在想,教学案例后的案例使用说明很重要,尤其是对案例主题实践经验不足的教师来说,这是避免课堂讨论尴尬的前提。"

第四,教师对体育硕士案例学习的评估模糊,且主观性较强。

我目前对体育硕士案例学习效果的评价还是有些模糊,如果要进行案例考试的话,其实也有值得考虑的地方。毕竟在我进行案例教学实践之后,我发现案例教学重在讨论过程,在讨论过程中领会理论与实践之间的关系。而用文字形式表达出来,很难像口头表达那样,展现学生的真实状态。所以对体育硕士的评价,我现在多采用较为主观的定性评价,如果需要提供纸质作业,我会让学生根据个人经验,独立完成一个案例采集。

第四节　第一轮行动研究的总结

一　主要成效

第一轮行动研究过程所实施的案例教学得到了教师和体育硕士的认可，案例教学能让体育硕士获得认知水平的提升。实证分析表明，这种认知水平的提升是由浅层理解水平向深层理解水平的变化。

授课教师提出了案例教学的效果反思，很多问题值得关注，例如案例教学的评价、合适的教学案例等，这为下一轮行动研究提供了实践经验，而案例教学对体育硕士带来的长期成效还有待在教学实践中进一步检验。

二　主要问题

第一，未能基于某一领域的某一门核心课程，进行相应的体育教学案例采编。因此，第一轮行动研究的体育教学案例主题较为分散，体育硕士为了应对案例教学需摄入不同的学科知识。

第二，在验证体育硕士案例教学的效果时过多依赖质性分析，缺少量表的客观评价。

第三，为了便于实施案例教学及借鉴当前其他学科案例教学经验，本轮行动研究将班级学生进行了分组。但这样一来出现了一些学生"搭便车"的现象，毕竟有时案例讨论主要由小组里的1~2人发言，其他人基本起到辅助作用。目前其他学科的案例教学实践证明，这一教学模式不适用于大班课程。而体育硕士培养中，一些选修课程、领域类或主题类课程人数并未达到大班的规模，但也有近40人甚至是50人。面对这样的班级，如何进一步避免小组学生出现"搭便车"现象，以及实施案例教学能否达到相应的效果，都值得深入思考。

三 后续行动的构想

在新一轮行动研究中，一是要确定一门体育硕士培养领域的核心课程，进行案例教学设计；二是针对该课程设计相应的体育教学案例；三是进一步改进体育硕士案例教学激励机制，并客观评价体育硕士案例教学的效果。以上这些问题都需要在后续的行动研究中去践行并反思。

第四章

我国体育硕士案例教学的第二轮行动研究

2019 年 3 月至 2020 年 1 月是第二轮行动研究。该阶段选取了 T 校体育教学领域的体育硕士作为主要行动对象。体育硕士培养领域多样化，加之就业岗位需求的导向性明显，因此，本研究挑选了培养目标最为明确、就业岗位对口明晰的体育教学领域。目前，我国体育教学领域以"体育教师教育"为主。因此第二轮行动研究主要分为两大部分：教学案例的采编与案例教学的实践，二者都将围绕"体育教师教育"这一主题展开。

第二轮教学案例采编时间为 2019 年 3 ~ 9 月。本轮研究以体育硕士教学案例的研发程序为依托，紧紧围绕体育教师在教学过程中遇到的问题进行案例采编。此外，结合第一轮行动研究的实践经验，探讨体育教学领域教学案例的素材如何获取，如何基于典型真实事例进行教学案例编写，体育教学案例具有怎样的形态，如何对编写的案例进行评定等问题。面对这些问题，本轮研究尝试走进中小学体育教师的工作场域，通过访谈与观察，捕捉典型的体育案例，同时兼顾对其他教师的访谈、对体育教师工作手册的获取、接触部分案例中的当事人等，进一步充实体育案例，提升案例的情境性，构思两难问题的设置，编写体育案例结尾处的教学计划。

第二轮案例教学实践时间为 2019 年 11 月至 2020 年 1 月。本轮研究基于之前的行动经验，探索案例教学对体育硕士认知水平（对实践场域实际问题的认知水平）的影响，挖掘案例教学对体育硕士理论联系实践能力的影响，以及证明案例教学能让体育硕士获得与体育教师一样的思维方式等。此外，基于第一轮行动研究的问题以及对后续研究的构想，通过量表的形式对体育硕士案例学习效果以及体育案例、体育案例教学课程进行感知评价。

第一节　第二轮行动研究的计划

一　提出行动目的

在前面研究的基础上，尝试在新一轮行动研究中，将所构建的体育硕士案例教学模式应用于某一培养领域的核心课程中，根据培养要求、课程要求、学科内容及案例特点，进行相应的教学案例采编，并在行动研究的效果检验阶段，注重使用量表对体育硕士案例教学的效果、体育硕士对教学案例的评价及体育硕士对案例教学课程的评价等方面进行定量分析。

考虑到各学校录取的体育硕士所在培养领域人数的比重、体育硕士常见的就业去向，本轮行动研究将体育硕士案例教学模式应用于体育教学领域的核心课程——体育教材教法，旨在探讨案例教学是否对体育硕士专业学位研究生理论联系实践能力发展产生必要的教学效果。探索案例教学模式的应用条件与操作策略，为进一步优化案例教学模式提供事实依据，为其他相关研究者提供必要的理论支持与实践经验。

二　确立行动问题

1. 确立了一门核心课程之后，怎样采编相应的教学案例？如何评价采编的案例是否适用于体育硕士教学？

2. 案例教学能否让体育硕士获得像体育教师一样的思维方式？他们的思维方式之间存在怎样的相似性与差异？

3. 案例教学能让体育硕士获得什么？案例教学能否有效地提高体育硕士的思考品质、表达能力和研究能力，开拓个人眼界，改善人际关系？

4. 体育硕士对案例教学的课程有着怎样的感知评价？对体育案例教学有着怎样的感知评价？

三 明确行动对象

上文提到，人数较少是第一轮行动研究的不足之处。但在现实中，对于 T 校这样的体育类院校，随着专业学位研究生的扩招，核心课程的授课人数通常维持在 40~50 人。本轮行动研究从体育教学领域的学生中抽取了 40 位研究生，此外，为了配合教学效果的检测及案例教学的课堂讨论，在该轮行动研究中，将这 40 名学生分为 8 组，每组 5 人。另外，本轮行动研究涉及案例采编，而案例提供者亦成为本轮研究的行动对象，他们分别为来自苏州、南京、天津等地区的中小学体育教师 L 老师、W 老师、Z 老师、J 老师、D 老师、T 老师、H1 老师、X 老师、Y 老师和 H2 老师，总计 10 位。

四 制定行动计划

第二轮体育硕士案例教学行动研究计划在 2019 年 3 月至 2020 年 1 月进行。其中，2019 年 3 月~9 月主要进行体育教学案例采编，考虑到 T 校课程安排及 L 教师的时间安排，案例教学的授课时间设定在 2019 年 11 月至 2020 年 1 月，共计划进行 8 次课的案例教学。此外，考虑到学生在学校的日常活动及各自的行动安排，每次案例教学的时间基本固定在周日下午，课与课之间的间隔为 1 周。案例阅读材料会提前一周发给学生，在要求学生做好案例阅读的同时，鼓励学生针对案例中提及的核心问题及自己感兴趣的问题，进行资料搜集与汇总，各小组成员自行分工，确立一名主汇报人，准备下周案例学习中案例讨论环节的发言。

由于是第二次进行体育硕士的案例教学，此次的行动计划不再详细论述课堂实施计划，主要论述第二轮行动研究的体育教学案例采编计划。

（一）体育硕士教学案例采编计划

通过分析国内外相关研究综述发现：围绕"教材教法"进行的案例教学正逐渐在师资培育领域中被推广与应用，这些理论与实践经验能为该研究提供帮助。本轮行动研究选取体育教学领域核心课程"体育教材教法"作为案例教学实施的课程基础，主要原因有以下几点。

第一，案例教学课程内容需与体育硕士专业学位研究生培养的工作取向相符。该研究以体育教学领域为例，案例教学需围绕体育师资培育相关方面展开。

第二，体育教材教法的内容本身包含体育教师在日常工作中所涉及的各类要素，是使体育教师免于理论与实践"两张皮"的关键。

第三，专业学位研究生阶段的教师教育是培养师资领域高层次应用型专门人才的关键。

在进行案例采编之前，首先要罗列适用于体育教材教法的案例清单表（Case Shoping List）（林德斯等，2011）。访谈是案例构建的前提，而罗列案例清单表是案例采编的关键步骤。本轮行动研究选择体育教学领域的硕士研究生，考虑到工作的对接问题，在案例采编过程中，主要从体育教师的日常教学情境中选取素材。从体育教材教法核心课程的教材来看，可选取作为案例采编对象的主要有体育教学的基本知识、《义务教育体育与健康课程标准》的解读与实施等。如《义务教育体育与健康课程标准》的解读与实施是我国体育教学领域不可忽视的内容，这部分可参考的访谈点有：（1）课程目标与行动目标之间的差距；（2）课程内容设计是否与学习目标之间产生关系；（3）中小学体育具体实践中的学习目标是否清晰，都有哪些目标；（4）对参与、技能、身体健康、心理健康、社会适应等领域目标，在体育教学过程中的什么时刻最深有体会等。最终基于核心课程教材内容，制作了案例采编清单（见表4-1）。

表4-1 "体育教材教法"课程教学案例采编清单

案例偏好	案例采访问题清单
案例偏好1# 体育教学基本知识	1. 工作当中，你们还与《义务教育体育与健康课程标准》有接触吗？你对体育课程基本理念如何理解？你觉得哪个课程理念是你实践中体会最深的？ 2. 教学目标可以分为学习目标与体验目标。在你们的实际工作中，会对体验目标进行关注与考评吗？ 3. 课程目标与实际行动目标之间有差距吗？ 4. 课程内容设计是否与课程目标、学习目标、行动目标等方面有一定关系？ 5. 参与、技能、身体健康、心理健康、社会适应等领域目标，在教学执行过程中的什么时刻最深有体会？

续表

案例偏好	案例采访问题清单
案例偏好 1# 体育教学基本知识	6. 身体健康与心理领域目标是国家的重大关切。"健康"是政策文件体现体育价值的重要论点，在日常体育教学中，如何体现该目标？在具体实践过程中，什么情境会影响该领域目标的实现？ 7. 你是否感觉到体育课程纯理论的内容过多，而具体操作的东西太少？你在教学过程中是否践行了体育课程改革要求？具体行为表现有哪些？
案例偏好 2# 体育教学设计	1. 你是否在教学设计时，因照顾学生的兴趣，而感到课程的运动技能有所缺失？这样的课是否该持续？你是怎么做的？ 2. 教学过程中，是否设计过教学游戏？这个过程中你遇到了怎样的难题？
案例偏好 3# 体育教与学的方法	1. 你是否出现过设计的教学内容学生不配合，导致教学程序开展不下去，场面一度十分尴尬的现象？ 2. 你在教学过程中遇到的最难管的学生是什么样的？你是怎么做的？ 3. 面对上课不积极的学生，如何进行教学与管理？ 4. 在体育教学中使用过新的教学方法吗？
案例偏好 4# 体育教学的技能	1. 你在教学过程中使用过怎样的妙招？ 2. 你认为教学技能是上好一节体育课的关键吗？ 3. 你所在教研室的"老师傅"有没有教过你什么教学技能？
案例偏好 5# 体育教学的评价	1. 怎样才算是一堂好的体育课？ 2. 你觉得最难的一次体育教学评价是哪次？ 3. 你是如何进行体育教学评价的？
案例偏好 6# 特殊案例	1. 到了工作单位后，你是如何理解"理论联系实践"的？ 2. 你认为研究生到教学单位后，怎样才算得上会教？ 3. 在教学过程中，令你印象深刻的教学故事有哪些？

基于所建立的体育硕士教学案例采编清单，与身边能联系到的一线体育教师进行对接，考虑到地理距离与采编对象的时间问题，案例采编时间主要集中在 6 月~9 月，得益于地理上的便利性，对 W 老师和 L 老师的采编时间集中在 3 月~6 月。所有采编时间均控制在 5 个小时以内，对接次数一般为 2~3 次，用于补充案例材料。根据各教师提供的案例材料进行整理，并对案例进行命名，按照中国专业学位案例中心的《关于体育硕士专业学位教学案例编写规范》进行案例编写，同时将案例交于已在体育案例库发过案例的专家及案例管理评审库中的专家（共 5 名），对采编的案例进行打分。通过对已发表体育案例的专家进行访谈后，认定当分值达到 90 分（满分 120 分），并且 5 名专家的推荐率达到 60% 以上时，视为能进行体育硕士案例教学行动研究，最终形成本轮行动研究采编的体育教学案例

（见表 4 – 2）。

需要特别说明的是，考虑到所采编的案例不一定都能应用于体育硕士案例教学，故本轮研究一共采编了 10 个案例，以备调整。表 4 – 2 中的第 9 个与第 10 个案例被专家认定为不推荐，在访谈了其中 2 位专家之后发现有以下几个原因：

第一，案例内容与体育教师教学之间的密切度不够；

第二，案例中存在一定的负面信息，不适合对体育硕士进行教学；

第三，这两个案例中存在很多泛泛而谈之处，案例故事中很难提炼出不一样的经验或奇趣之处。

（二）体育硕士案例教学的课堂实施计划

本轮行动研究的案例教学课堂实施计划与第一轮的实施步骤类似，主要分为引入案例阶段、案例讨论阶段、案例总结阶段。

引入案例阶段，教师提前一周对学生布置教学案例及告知其所需的准备工作。教师根据教学内容，有针对性地选出案例中的 1~2 个问题，这些问题一般都具有冲突性及对课程知识的覆盖性。教师要求学生根据自己的观点就其中一个问题准备必要的材料，这些材料可以来源于网络、科研文献和实际访谈，材料的形式可以是文字、音频等。

案例讨论阶段，首先是小组讨论。小组讨论时间控制在 10~15 分钟，各小组成员对各自整理的内容进行总结，每个小组成员还要做好大讨论时的角色分工：主讲者、记录者、参与补充者。在此期间，教师做好巡视工作，听取小组间的讨论，明晰小组间的问题，但不予以解答。其次是全班讨论，全班讨论是案例教学的关键环节，案例教学虽然秉承以学生为主体的原则，但教师的角色扮演也非常重要。

案例总结阶段，首先是案例教学的归纳总结。在归纳课程中讨论的观点时，教师保持中立，既要对不同的观点进行梳理，还要从观点中总结出一般经验，不可过于强调极端的事件。适当给学生布置一些有助于继续关注此类案例的参考性资料。其次是案例教学的效果反馈，让学生总结此次案例学习中的个人感受或感悟，但要注意控制时间。

表4－2　体育硕士案例教学第二轮行动研究采编的教学案例

序号	案例名称	来源	次数	时间	地点	内容简介	专家打分	专家推荐
1	独行侠的故事	L 老师	2	3 小时	L 家中/S 市	单亲家庭学生体育课的融入问题	90	80%
2	女生调皮比较"可怕"，那叫"犯嫌"	W 老师	3	2 小时	W 家中/N 市	与富有优趣感且聪明的学生"斗法"失败	92	80%
3	体育教研课是要"里子"还是要"面子"？	J 老师	2	4 小时	J 家中/S 市	"菜鸟"体育教师追求上进的激情与失落	92	80%
4	"苏牙雷斯"的球队领导力的发现	T 老师	2	3 小时	T 家中/S 市	爱咬人学生的管理与个人特点的发掘	95	100%
5	"体育班"里的迷惘	H1 老师	2	5 小时	H1 办公室/H 市	体育生的行为偏差与情绪管理	96	100%
6	肚子里的孩子和班上的孩子都是自己的孩子：一个怀孕体育教师体质测试时的真情流露	Z 老师	2	2 小时	Z 办公室/S 市	小学体育体质测试周期年的特点及怀孕教师的师德展现	96	100%
7	竞争意识、维护意识与补位意识：体育教师教学行动中的发现	D 老师	2	4 小时	D 家附近/S 市	体育教师教学改革的自我尝试	96	100%
8	如何合理地设计与实施家庭"体育作业"？	X 老师	3	3 小时	X 家附近/N 市	时代发展下的体育教师新技能	100	100%
9	这个运动损伤我耍检讨	Y 老师	2	2 小时	Y 家中/T 市	教师教学疏忽带来的学生运动损伤	86	40%
10	3000 米长跑的体能分配	H2 老师	2	2 小时	H2 办公室/N 市	教师如何指导长跑训练	86	20%

注：打分依据为中国专业学位案例中心的入库标准，总分为120分。

第二节　第二轮行动研究的行动：案例教学
典型课例展现

本次课（第三次课）选择的教学案例是《体育教研课是要"里子"还是要"面子"?》，案例正文总页数为 7 页。教学时间为 2019 年 11 月 10日，教学地点为 T 校社会体育实训楼，课程时长 60 分钟，教学人数为 40人，男生 18 人、女生 22 人，根据自愿原则分为 8 组，每组 5 人。

一　采编的体育教学案例设计

> ### 案例三：体育教研课是要"里子"还是要"面子"?
>
> #### 1　前言
>
> 　　S 市拥有很多外企电子厂、服装生产厂，是 J 省外来务工人员较多的城市，在这样的一线、新一线城市中，经常存在很多外来务工人员聚集的地区，周边的配套学校也基本服务于这些群体，本地人口不多。Z 老师所在的 W 学校是一个建校仅 5 年的小学，出于上述原因，学校选址定在 S 市外来务工人员聚集的地区。W 学校刚建成，资格最老的体育教师是第一年招聘的，并没有从外校调来教龄较长的教师，所以 W 学校体育老师的教龄最长就 5 年，第一年共招聘了 2 名体育老师，都是本科学历。2015 年开始招聘研究生学历的体育教师。
>
> 　　Z 老师硕士毕业于"211"高校，在体育方面属于"半路出家"，高三为应付高考选择了体育道路，本科是非师范类高校（早些年师范类高校毕业就发教师资格证），研究生是体育人文社会学方向，很多体育方面的技术动作并不熟练，教师资格证是读研期间考取的。因此，Z老师非常注重自己的专业成长，她希望能够更好地胜任自己的工作。但

进入工作岗位后，她发现学历之间的差异产生了教学理念的不同。

> Z 老师："我们学校比我早入职的老师都是本科学历，其实也就两年，他们在这两年中肯定积累了不少的经验，有很多的实践经验。可能啊，是我个人认为，我觉得有时他们不如我们，不是说研究生就怎么样，学校一般都会让老教师带新教师嘛，我们就相当于他们的小兵，他们认为小兵应该听从自己，但是有些时候他们组织的一些比赛，一些大课间活动的组织，有些地方存在教育原则方面的问题。"

2 正文

2.1 大课间活动的"唯领导论"

W 校的体育大课间活动，有一个是早上到学校后的晨练，时间一般在早上 8：15，共 35 分钟，时间段介于早读课与第一节课之间。W 学校由于成立时间短，直到第 3 年才开始组织一些体育大课间活动，时间被安排在入秋后的一个学期。当时由体育教研组的副组长负责事项安排，她主要选择了跳绳、踢毽子等区域性强的体育活动。活动时间不长，学校很多班级都在操场上活动，因此活动内容被早早定好。副组长在安排相关事宜之前，没有跟体育组的其他老师商量过，当大课间任务需要推进时，突然通知各个老师到位进行活动组织。副组长也是体育教师，但职责挂在学校其他部门，属于中层领导，在学校的教学质量监控中心工作，与上层领导亲近，故该任务被分配给她。该副组长为本科学历，而学校体育组的组长是研究生学历，但比副组长晚一年入职。Z 老师尚不清楚怎么回事，第二天来到学校，在操场上等待，副组长直接安排各个老师到操场的不同位置负责各自的区域。副组长在"司令台"上用大喇叭通知大家"开始大课间活动"。

组长："天气较冷，起码让学生先跑跑步、热热身，不然容易受伤的。"

副组长："校长让我们运动量上去，跑步没有跳绳来得快。"

Z老师："那先简单地活动活动也可以啊，这个天直接上来就跳绳，小孩子有受伤的可能。"

副组长："没办法，活动的内容校长定了。"

组长将疑问向校长反映，建议增加一个跑步之类的热身活动。

校长认为："既然已经都定好了，而且时间也有限，学生都跑步了，活动样式比较单一，反正现在都这样了，下次再做调整。你的提议很对，你去跟他们讲一下，负责各自区域的老师要注意学生活动时的安全问题。"

组长将这个事情跟教研组的各个老师交代后，Z老师心想："也就是要等到明年的这个时候再改，现在做下调整其实也很快啊，而且大喇叭通知各班同时开始，怎么去监测学生是否出现运动损伤？领导也不见得都清楚这些，怎么能因为方便管理而忽视最基本的教育原则呢？算了，多一事不如少一事，我尽力管好我的区域，反正也就两个班。"

2.2 对体育教研课的分歧

组长与副组长本身私下里并无矛盾，主要是教学理念之间存在差异，两人的做事风格有所不同：组长教学以学生为主，副组长以"好看""领导需求"为主。

Z老师："我觉得她俩一个是做实体经济的，一个是做虚拟经济的。"

学校有基本要求，每个学科各自组织教研课，即向校内教师开放的教研课。Z老师认为这是锻炼自己的方式，平时上课与教研课或"出去上课"是不一样的，一个学期如果有两次教研课，对教师成长大有帮助，毕竟都还是年轻的体育教师。虽然，有时教研课台下就一两个教师看，但你这时的心理与没有人看的心理是不一样的。

　　副组长："这个教研课主要是走走形式，我们就按照走走形式的方式把它做了，至于做不做得那么细致无所谓的。你准备这些要耽误时间，你磨课还要耽误时间，反正针对校内的老师上教研课，基本只有咱们体育组看，我们到时候就走走过场，打打分，稍微记录一下就好啦。"

　　组长："我觉得很有必要搞这个教研课，毕竟今年又进了新老师，锻炼锻炼。"

　　副组长："好，那就让新老师上吧。"

　　组长："大家都准备吧，既然要准备上教研课，也准备一下评课，到时候挑好时间，大家到场一起参与。"

　　副组长："这个也没什么好评的，如果大家到时候有点别的事，可以不用来评的，毕竟都挺忙的。而且，这个教研课基本磨一磨就都能上，若有市区级别的教研课，大家提前准备准备就都会了，所以没有必要重视校内教研课。"

　　组长："教研课，每个人做准备都不容易，最好去听一听，提出你的想法、建议，毕竟不同人之间的想法，你能学到一些。"

　　副组长："好，可以，弄吧。"

　　对于组长与副组长之间的分歧，体育组的其他教师基本默认组长的说法，大部分教师，尤其是年轻教师心里很清楚。教研课的任务与要求是很合理的，面对职业晋升或出去赛课，年轻教师往往一马当先，这一点，很多初任体育教师心里也明白，Z 老师自己也很重视。

2.3　Z 老师认真对待教研课

　　Z 老师准备的是小学二年级的单手投掷沙包教学设计，当时班级有40 人，男女人数基本各半。Z 老师为了备课，通过网络方式获取各类相关资料，前前后后准备了 1 个月，其间还经历了 3 次磨课。

Z 老师在第一次磨课时，教学基本部分，尤其是进行自由练习时并不像设计中的那么顺利。Z 老师安排的课堂练习是四排两两相对进行扔沙包练习，一个扔一个捡。让 Z 老师始料未及的是，小学生一旦获得自由练习的指令后，容易过度兴奋。由于小学生对危险的感知意识及自控能力不足，在扔沙包的练习过程中，出现了乱跑、打闹、打滚等危险现象，学生的现场练习情况与想象中并不一样。Z 老师强调不能出现这类情况后，依然没有很好的改善，练习的时间与次数也已达到，于是进行完教学流程中最后的素质练习就下课了。事后，Z 老师一直在反思第一次磨课时的情况，她还与组长进行了沟通。

　　组长："你最近上课准备得怎么样？"

　　Z 老师："还好，就是安排自由练习的时候有点乱。"

　　组长："你可尝试着用哨声来规范他们动作的起与收，对调皮的孩子使用点'惩罚机制'，这样他们能好好玩。"

Z 老师在第二次磨课时，采用了组长的建议。这次班级与上次不是一个班。Z 老师在自由练习前对学生进行了强调：必须听哨声扔沙包，第一次哨声是扔，第二次哨声是捡。若违反哨声规则，或在捡沙包的时候调皮捣蛋，你就站出来，不要参与练习了。即便如此还是会出现调皮的孩子，Z 老师将其中一个拎出来，站在队伍外面，自己与无队友的学生进行练习。其间，学生捡球变得规矩多了，即使也会出现个别"小调皮"的学生，但 Z 老师鉴于无法控制那么多不做练习的学生，也没有将他们全部拎出来，并在一组练习过后，让站出来的学生重新回到队伍里去。

Z 老师在第三次磨课时，还是使用了第二次的上课策略，但 Z 老师发现，虽然大部分学生规矩多了，但以哨声为命令的规范性练习，让她自己沉浸在教学乐趣之中，以至忘了时间，不知不觉多练习了几组，导致最后结束部分匆匆收尾。

Z 老师细心分析了这几次磨课的情况，并重新调整了教研课的教学计划。

2.4 教研课是要"里子"还是要"面子"？

W 学校组织的体育教研课，算上实习教师共有 11 人参与听课。

Z 老师上完课感觉很累，也有不少教师给 Z 老师提了跟教学设计有关的建议。有教师认为，与其分四排两两相对上课，不如将学生分散开来，四个队伍分别站成四个正方形，可以较好地避免学生因面对面而扔到人的现象。

这次教研课上，副组长也参与听课，并夸 Z 老师作为新教师课上得不错。

> 副组长："你们现在条件好，比我们那时候上课好多啦，你的教姿教态、声音的洪亮程度、调动学生积极性方面，都比我那时候好。"
>
> Z 老师客气了一下，心想："我这次课还是比较乱的，你都说算可以的了，那你那时上的课有多乱啊？"

Z 老师觉得副组长就像一个"门外汉"，对于这次体育课上学生的运动量大小、练习密度多少并不太关心，只关心一些基本常规与教师姿态，显然这些更像是校级领导所关心的。不久副组长也进行了她的教研课，Z 老师得知特意调了课去参与观看，这次课令 Z 老师记忆深刻。

> Z 老师："我不对她上课的内容进行评价，因为这个课的内容是她请的一个外校'师傅'，同时也是一个地区性的教学专家设计的。可作为一个体育老师，全程不用哨子，说话声音很小，也不用麦克风，我基本听不太清楚她在讲什么。"
>
> Z 老师："令我诧异的是，他们班的学生表现很好。学生规矩，没有打闹现象，大部分学生在她的指令下完成基本教学，学生整体状态较好。怎么天真活泼的小孩突然变成了这样？"

事后，Z老师才知道，副组长在上教研课之前，曾经给班级的孩子许诺过，课后给他们买点心吃。但这不是主要原因，副组长在教研课之前，只对展示的班级进行了磨课，并且她通过与其他老师的调课，使该班级获得了一个下午的上课时间，然后副组长就利用这个时间对学生进行重复磨课。在最后的教研课上，学生的很多行为表现已经趋于程式化，副组长在授课时也没有出现口令调动之类的词，而是直接用"我们进入下一环节"这样的语句。学生都知道下一环节是什么，下一步该怎么做，因此最终才呈现这样规范、整齐、"漂亮"的教研课。

　　　　Z老师："虽然她的教研课视觉效果不错，但我觉得这种教研课的方式不好，她在这个过程中不能锻炼自己，没法得到专业成长。"

3　课堂安排

3.1　课前计划

首先，事先分好的小组对案例本身进行阅读，熟悉案例基本内容。小组内再分组，进行资料查找，查找的资料应涉及案例中的相关内容。其次，各小组就案例后附属的思路题，进行材料收集与整理，制定案例汇报表，准备在课堂上汇报。

3.2　课中计划

分组讨论问题及解决对策，由小组代表进行发言，提出解决方案，并对其他小组的方案进行评述和补充。教师进行引导性分析，并在最后进行归纳总结。

表1　案例汇报表（参考）

案例标题：
摘要（对汇报内容进行摘要）
问题陈述（对案例中所存在的问题进行陈述）
对所收集的资料进行分析
提出备选方案并分析缘由
制订行动计划

表 2 案例讨论纪要表（参考）
案例标题：
问题/决策/挑战/行动内容是什么？
谁是行动者/还有哪些焦点人物？
发生的问题？
做出行动的时间和地点？
制订行动方案考虑的因素和可用的时间？
考虑的备选方案以及可能会发生什么？

资料来源：路易丝·A. 林德斯等：《毅伟商学院案例学习》，赵向阳、黄磊译，北京师范大学出版社，2011。

4 思考问题

（1）如何理解"一个是做实体经济的，一个是做虚拟经济的"？你觉得中小学体育教学还有哪些属于"虚拟经济"？做"虚拟经济"一定错吗？

（2）Z 老师在案例中提到，有人看和没人看，上教研课的心理是不一样的。这种不一样的心理表现主要有哪些？

（3）你认为体育教研课重要吗？你如何看待组长与副组长关于教研课的观点分歧？

（4）你赞同副组长对教研课的准备吗？你是如何看待 Z 老师最后提到的"不能锻炼自己，没法得到专业成长"？副组长为了教研课的做法是否也是其专业成长的路径？

（5）对体育教研课要"里子"还是"面子"的问题，你有什么看法？

二 教学设计

第二轮行动研究的整体教学设计与第一轮类似，主要参考"有效教学设计"的八大基本要素、案例教学课堂流程的四个构成部分及案例讨论时学生的话语表现。并在此基础上，对已有的案例教学经验及教学案例内容做了如下教学设计：

T 校体育硕士案例教学第二轮行动研究 第 3 次课

1 预设

1.1 关联性

按照专业学位类别硕士学位基本要求，以体育事业人才需求为导向，为我国体育发展输出合格且高质量的体育教师。

1.2 目标

（1）理解体育教师教研课的基本内容与方法，了解体育教师教研课的现实情况。

（2）认识什么是体育教师专业成长。

（3）了解体育教师专业成长与学校教研环境之间的关系。

1.3 目标理由

这节课的学习，有利于学生理解体育教师教研课的基本内容与方法，帮助学生正确看待体育教师的专业成长。

1.4 材料和设备

（1）课前材料：提前一周将《体育教研课是要"里子"还是要"面子"?》案例的相关材料发给学生，包括案例内容、思考问题、参考文献，并附上 Z 老师上教研课时使用的教案等文件。考虑到学生在研读案例与准备案例材料时的自主性与探索性，仅将 Z 老师在教研课上使用的教案及案例内容发给学生，而教研课事件之后的修改版教案没有发给学生。

（2）课上材料：幻灯片 1 张、投影仪、8 个桌组（每组 5 人）、案例正文打印件 40 份。

2 预备

2.1 吸引注意

"让我们开始吧，注意，当我喊'停'时，大家讨论停下，听我说或听听别人的看法。"

2.2 行为期待

积极参与案例讨论，表达观点，尊重并认真聆听其他小组的观点。

3　导课

3.1　建立与激活案例背景

提出案例中的矛盾问题："一个是做实体经济的，一个是做虚拟经济的。"你觉得中小学体育教学还有哪些"虚拟经济"？做"虚拟经济"就一定错吗？你们身边遇到过类似的情况吗？不断锻炼自己毫无疑问是体育教师专业成长之路，但副组长为了教研课的做法是否也是其专业成长的路径呢？

3.2　陈述教学目标

首先，请大家谈谈什么是体育教师专业成长；其次，尝试说出体育教研课与体育教师专业成长之间的关系；再者，请体育硕士反思，体育教研课重要吗？大家如何看待组长与副组长对教研课观点的分歧？最后，面对体育教研课"里子"与"面子"的问题，你有什么看法？若在现实情境下，你会如何处理？

4　主体

4.1　开始的提问

（1）指示性问题：你如何理解案例中发生的与体育教师相关的现象？如果你处在案例中这个人物的位置上，基于当时的情况，你会怎么做？

（2）非指示性问题：你们打算对这个体育教学案例中的现象谈些什么？

4.2　定义案例问题

案例中的基本问题到底是什么？（解决案例讨论前体育硕士之间的认知差异问题）哪些是重要问题？哪些是紧迫性问题？请大家在案例问题矩阵中展示。（有助于体育硕士根据表1定义案例问题的等级程度，确定先后次序与行动准则、进行方案选择等）

表1　定义案例问题的等级程度

重要/紧迫	低	高
低	等级 1	等级 2
高	等级 3	等级 4

资料来源：路易丝·A. 林德斯等：《毅伟商学院案例学习》，赵向阳、黄磊译，北京师范大学出版社，2011。

4.3 案例分析

（1）分析案例的因果链条、案例中事件与事件及人与人之间的关系。

（2）分析案例问题的限制条件及相关机会。限制条件隐藏于案例中的特定环境下，如本案例中：有人看和没人看，上教研课的心理有哪些不同？为什么在 Z 老师看来教研课做法不对的副组长，能让他们班的学生表现很好？为什么不是体育教育出身的 Z 老师，能让学生在体育课上规矩、没有打闹现象，且大部分学生能在她的指令下完成基本教学，学生整体状态较好，等等。

（3）寻找特定概念背后的意义。（例如用哨声来规范学生动作的起与收，对调皮的孩子使用点"惩罚机制"，体育教研课的"唯领导论"）

4.4 行动方案的提出与案例讨论

（1）行动方案的提出

①依据案例中的限制条件；②依据个人以往的知识与实践经验；③依据已查阅的理论基础；④依据案例问题的等级程度。

（2）小组案例讨论的规则

①保证每个小组成员的参与；②做好小组成员的角色分工：主讲者、记录者、参与补充者；③发言不能拘泥于个人；④大讨论之前，尽量达成小组意见的一致。

（3）大班案例讨论的有效性

①对案例的认知程度（个人认为有无意义）；②讨论时的行动表现（不想、不明白、不愿意等）；③案例分析及案例对策表述的模糊程度；④对已确定过的结论进行的无意义探讨。具体表现如表 2 所示。

表 2 大班案例讨论有效性的话语表现

有效讨论	无效讨论
"我觉得我的案例表达还不充分，但我只能想到这么多了"	"我觉得这个案例一点意义没有"

续表

有效讨论	无效讨论
"如果再给我点资料，我能很好地论述我的观点，但当前能找到的就这么多，我觉得如果能有……方面的材料的话，我能更清楚地解读这个案例"	"我不想再看这个材料，我不明白它们之间的关联到底是什么"
"这个案例行动方案可以这么来制定……"或"我还没有制订出方案，出于这样的考虑……，我觉得还差点……，就目前的材料，我觉得……"	"嗯，显然良好的执行方案更容易推动此事的发展，它对于解决矛盾很有意义"
"你现在论述的这个事情，我确实不知道"	"我觉得对之前那个方案，还有一个可以否定它的理由"

资料来源：路易丝·A. 林德斯等：《毅伟商学院案例学习》，赵向阳、黄磊译，北京师范大学出版社，2011。

4.5 监督发现的过程

（1）教师巡视监督过程中，问问学生发现了什么，听听学生讨论了什么，看看他们正在思考什么。

（2）教师巡视监督过程中，注意及时调解小组成员之间可能出现的冷场、打闹、互相攻击等问题。

5 结课

（1）你是否已将今天所学的内容、个人观点、记忆犹新的部分做好回顾与记录？

（2）你是否弄懂了案例中所呈现的内容及隐藏的实践知识？

（3）你从这节案例课中收获了什么？

（4）你在小组讨论和全班讨论中是否有所贡献？

6 时间安排

阶段	时间	教师	学生
引入案例阶段	15分钟	案例导入（定义案例问题）	接受案例材料（研读材料或观看案例视频）
案例讨论阶段	小组 10分钟 大班 20分钟	1. 案例分析引导 2. 小组讨论巡视 3. 控制大班讨论节奏	1. 参与小组案例讨论 2. 提出反对看法 3. 分享案例认知观点 4. 提出案例行动方案
案例总结阶段	15分钟	1. 总结案例课程 2. 评价学生表现	验收今日收获

第三节 第二轮行动研究的观察与反思

一 主要目的

1. 了解案例教学对体育硕士认知网络方面的影响，以及体育硕士与体育教师思维方式之间的相似性与差异。

2. 从客观角度评价体育硕士案例学习质量。

3. 从定量的角度了解体育硕士对案例教学课程与感知的评价。

二 主要方法

第二轮行动研究基本沿用了第一轮的主要方法，依旧使用了 ENA 认知网络分析法。本轮行动研究的重点在于以"体育教师教育"为主题，检验案例教学能否让体育硕士像体育教师一样去"思考"。

这需要基于 SKIVE 认知网络框架，将框架中的"知识"延伸出 PCK 式的要素分类，运用认识网络分析工具，分析相互之间的认知网络差异。因此，本轮行动研究依旧需要对案例教学录像进行分析，以及对体育教师话语进行收集、分析，通过对观测点进行编码，形成二进制的编码列表和数据累加表（见表 4 - 3），再导入分析网站，创建网络模型。

为了进行对比分析，本轮行动研究挑选了 10 名体育教师组成"专家组"，每 2 人一组，共 5 组；随机挑选了经历过案例教学的 8 组体育硕士中的 4 组，组成"有案例教学组"，每组 5 人；随机挑选了没有经历过案例教学的 20 位体育硕士组成"无案例教学组"，5 人一组，共 4 组。

在具体的测试方面，本轮研究以案例教学最后一节课使用的案例为测试材料，分别让"专家组"和"无案例教学组"针对体育案例中的问题进行分析与讨论，依据 SKIVE 认知网络框架对两组成员的话语进行分析，得出相应的分析结果，并将这些结果与随机挑选的"有案例教学组"的结果进行对比分析。

此外，本轮行动研究方法亦有与第一轮行动研究的不同之处。第二轮行动研究加入了问卷调查法，以获得体育硕士对案例教学课程及对体育案例的感知评价，同时，使用亚当（M. Adam）的案例教学学生行为描述问卷，从心智发展、技能发展及态度三个层面对体育硕士的案例学习进行评价（详细量表见"研究数据的收集"章节或附录3）。

表4-3　第二轮行动研究不同组认知网络的编码示例

总类别	分类	个人	S/EA	S/C	K/OT	K/C	K/SU	K/A	K/IR	I/S	V/B	E/P
专家组	组一	刘×	1	1	1	0	1	0	0	1	0	1
专家组	组一	王××	0	0	1	1	1	0	1	0	0	1
……	……	……	……	……	……	……	……	……	……	……	……	……
专家组	组五	江××	0	0	1	1	0	1	1	1	1	0
专家组	组五	刘××	0	0	0	1	1	0	1	1	0	1
有案例教学组	有组一	A	1	1	1	0	1	0	1	1	0	0
有案例教学组	有组一	B	0	1	0	1	1	0	1	0	1	0
……	……	……	……	……	……	……	……	……	……	……	……	……
有案例教学组	有组四	S	1	1	1	0	1	0	1	1	1	1
有案例教学组	有组四	T	1	1	1	0	0	0	1	1	0	0
无案例教学组	无组一	张××	0	0	0	1	0	0	0	0	0	0
无案例教学组	无组一	李××	0	0	0	1	0	0	0	0	0	1
……	……	……	……	……	……	……	……	……	……	……	……	……
无案例教学组	无组四	张××	0	0	0	1	0	1	0	0	1	0
无案例教学组	无组四	周××	0	0	1	0	0	0	0	0	0	0

三　主要结果

（一）案例教学使体育硕士具备了与体育教师相似的认知网络

图4-1是有案例教学组的体育硕士、无案例教学组的体育硕士以及体育教师专家组，在进行体育案例测试后表现出的认知网络"质心"分布。

从图4-1及软件后台的数据处理结果发现：有案例教学组与无案例教学组的认知网络，在统计学上具有显著性差异（$p = 0.00$）；有案例教学组与专家组的认知网络，在统计学上不具有显著性差异（$p = 0.09$）；专家组

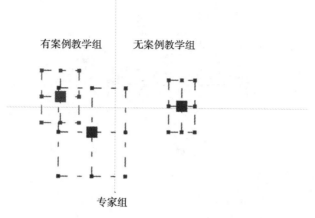

有案例教学组　　　　无案例教学组

专家组

图 4 - 1　三组总体的认知网络结构间的差异

与无案例教学组的认知网络，同样具有显著性差异（$p = 0.00$）。

这些图和数据说明：经过案例教学后，体育硕士的认知网络与体育教师专家之间具有相似性，但这并非说明两个组别之间的认知网络完全相同；此外，无案例教学组虽然与其他两组之间存在显著性差异，但认知网络的差异具体体现在哪些方面，需要进一步分析三者的认知网络图。因此，运用 ENA 认知网络分析法，将三组的认知网络展开，分别得到图 4 - 2 的三个认知网络图。

从图 4 - 2 中可以清楚地发现：有案例教学组与专家组认知网络图的外在形态具有很大的相似性，很多节点（K. SU、K. IR、I. S 等）的大小相似，不同的是节点之间连线的粗细有一定差异，这是由相互连接的两个节点之间"共现频次"的不同所致；而无案例教学组的认知网络图明显与前两组有较大的差异，不仅节点之间形成的网络不够充分，而且出现了在 S. EA 与 S. C 两个节点上没有连接的现象。

综合来看，经过"体育教师教育"主题的案例教学后，体育硕士具备了与体育教师相似的认知网络。

（二）有案例教学组与专家组的认知网络侧重点不同

上文提到，体育硕士的认知网络与体育教师专家之间具有相似性，但

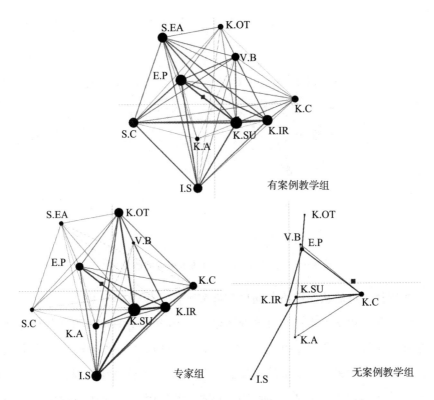

图 4 - 2　不同组的认知网络结构特征

并非说明两个组别之间的认知网络完全相同，因此，需要通过认知网络叠加图来更为直观地观察两者在认知网络上的差异。图 4 - 3 是有案例教学组与专家组的认知网络叠加图，图中左侧主要代表了有案例教学组认知网络的侧重区域，右侧主要代表了专家组认知网络的侧重区域。从图中可以得出以下两点结论。

第一，经历过案例教学的体育硕士以"认知论"（E. P）为核心，建立起与其他节点之间的网络。这是案例教学痕迹的表现，案例教学要求体育硕士就体育案例中的问题进行讨论，体育硕士需要为自己的观点提供证据，以此合理地解释或回答案例问题。结合图 4 - 2 中无案例教学组的体育硕士认知网络特征，可以发现，在没有经历过案例教学的情况下，体育硕士对体育案例的思考主要从课程知识（K. C）出发，进而延伸连接，分别与教学策略知识（K. IR）、认知论（E. P）以及信念价值（V. B）、评价学习知识（K. A）形成两个稳定的三角关系，但归根结底还是将认识重点放在体育学

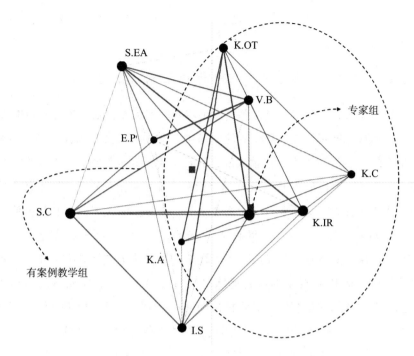

图 4 - 3 有案例教学组与专家组的认知网络结构叠加后的差异对比

科内容、课程内容和教材上，认知网络比较局限。事实上，图 4 - 3 中，经历过案例教学的体育硕士认知网络有以下特点：与没有经历过案例教学的体育硕士相比，是否经历过案例教学，在侧重理解学生（K. SU）并以此为节点形成认知网络方面存在明显的区别；而围绕认知论（E. P），在连接收集资料（S. EA）、分析资料"技能"（S. C）、表达信念价值（V. B）、认同案例中人物的身份定位（I. S）等方面则与专家组有所区别。

第二，专家组在看待案例问题时，主要以理解学生（K. SU）为中心，建立起与其他节点之间的网络。专家组的认知网络侧重构建以"知识"为主的认知框架，体育学科定位知识、课程知识、评价体育学习的知识、教学策略知识等均有运用，同时，专家组还对案例中人物的身份定位（I. S）较为关注。可以说，专家组视角下的体育教师是以人为中心，以教学目标为导向所建立起来的行动表现。在长期的体育教学中，面对体育教学相关问题，专家能自然地关注到体育问题中的"关键人物"，围绕人物身份特征，逐步过渡到对此次体育教学的目标认知、材料认知等方面。但专家组对"认知论"层次的关注较低，这也与他们长期以来以"实践性知识"为主导的体育教学习惯有关。

（三）有案例教学组与专家组的 PCK 网络结构相似

学科教学知识（PCK）是教师的一种特殊知识形态，随着学者对 PCK 认识的不断加深，PCK 逐渐从舒尔曼的"塔尖"知识形态过渡到教师专业知识有效融合的"叠加"形态。简单来说，PCK 可用于区分教师在专业层次上的差异，以往的研究也证明了 PCK 在体育教师专业发展上的重要性，以及案例教学在优化体育硕士培养质量中的关键作用。本书使用的 SKIVE 认知网络框架存在"知识"要素，因此，将帕克（Park）提出的"PCK 五边形"应用其中，既可用于分析教师与经历过案例教学的体育硕士在认知上的相似性和差异，又可以将 PCK 要素的编码提炼出来（见表 4 - 4），重新进行数据累加，创建新的认知网络模型，最终得出图 4 - 4 和图 4 - 5，用于分析体育教师专家组的 PCK 网络结构与有、无案例教学组的体育硕士之间的差异。

表 4 - 4　第二轮行动研究不同组 PCK 网络的编码示例

总类别	分类	个人	K/OT	K/C	K/SU	K/A	K/IR
专家组	组一	刘×	1	0	1	0	0
专家组	组一	王××	1	1	1	0	1
……	……	……	……	……	……	……	……
有案例教学组	有组一	A	1	1	1	0	1
有案例教学组	有组一	B	0	1	1	0	1
……	……	……	……	……	……	……	……
无案例教学组	无组四	张××	0	1	0	1	0
无案例教学组	无组四	周××	1	0	0	0	0

图 4 - 4 展示了三组人员接受体育案例测试后表现出来的 PCK 网络"质心"分布以及各组展开的 PCK 网络图。从"质心"的分布情况及软件的后台数据可以发现：有案例教学组与无案例教学组的 PCK 网络，在统计学上具有显著性差异（$p = 0.00$）；有案例教学组与专家组的 PCK 网络，在统计学上不具有显著性差异（$p = 0.70$）；专家组与无案例教学组的 PCK 网络，在统计学上具有显著性差异（$p = 0.00$）。这些图和数据说明：经过案

例教学后，体育硕士与体育教师专家的 PCK 网络之间具有相似性，无案例
教学组与其他两组之间都具有显著性差异。

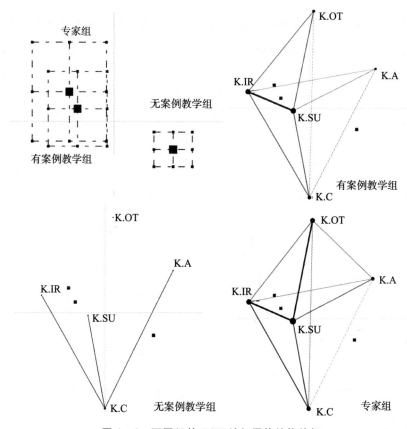

图 4 - 4　不同组的 PCK 认知网络结构特征

从图 4 -4 中可以清楚地发现：有案例教学组与专家组 PCK 网络图的外
在形态具有很大的相似性，都呈现"锥子型"。图中很多节点（K. SU、
K. IR、K. OT、K. C）的大小相似，并且两者都形成了以理解学生（K. SU）
为中心，连接其他知识形态的结构特征。两者的主要不同在于节点之间连线
的粗细。而无案例教学组的 PCK 网络图，明显与前两组有较大的差异，只有
少数几个节点之间存在微弱的连接，而且出现了 K. OT（学科教学定位知识）
未与其他节点发生连接的现象。

综合来看，经过"体育教师教育"主题的案例教学后，体育硕士形成
了与体育教师相似的 PCK 认知网络，并逐渐形成了"以学生为中心"运用

体育教学策略知识的认知。

（四）有案例教学组与专家组 PCK 网络结构的侧重点不同

通过将 PCK 网络图进行叠加得到图 4 - 5，该图的左侧主要代表了有案例教学组 PCK 认知网络的侧重区域，右侧主要代表了专家组 PCK 认知网络的侧重区域。

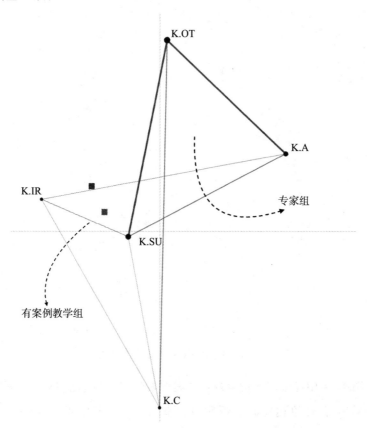

图 4 - 5　有案例教学组与专家组的 PCK 认知网络结构叠加后的差异对比

通过对 PCK 网络图进行分析发现：经过案例教学后，体育硕士的 PCK 网络中仅有 K. SU 与 K. IR 之间建立的连接高于专家组。这说明案例教学让体育硕士建立起了理解学生与教学策略使用之间的关系，但实际中，体育教师在这方面的使用要稍弱于体育硕士。专家组展现出来的 PCK 网络则呈现 K. SU、K. A、K. OT 三者连接的稳定三角形。这说明，体育教师在多年的教学实践中，逐渐形成了看待体育问题时的"核心 PCK 形态"，即以体育学科教学的定位与目标为前提，以学生为中心，以学习评价为落脚点的基本认知。而在运用课程内容、学科内容、教材内容等知识时，主要与体育学科教学定位之间建立关联。在把握体育教学策略知识时，主要与理解学生和学习评价建立思维关联。

综合来看，经过"体育教师教育"主题的案例教学后，体育硕士虽然形成了与体育教师相似的PCK认知网络，但与专家组形成的以目标、学生、评价为主的稳定三角关系相比，依然存在一定的进步空间。同时，案例教学的干预，使体育硕士在体育教学策略知识与理解学生之间建立的连接，略多于专家组。而围绕理解学生、课程知识及教学策略使用三个方面形成的三角连接关系，也与专家组趋同。由此可见，案例教学能促进体育硕士在PCK方面的理解，帮助体育硕士建立实践认知。

（五）体育硕士案例学习质量评价的量化分析

1. 体育硕士案例教学效果整体分析

从表4-5的配对样本t检验的结果可以发现：经历过案例教学的体育硕士在"心智发展层面"、"技能发展层面"及"态度层面"上具有一定差异。但一级指标的差异并不能说明细分指标存在差异。因此需要对二级指标进行配对样本t检验。

从二级指标来看，"态度层面"（C）的"信念与价值"（C2）及"自我评价"（C3），在案例教学之后并没有出现显著性差异，其中"自我评价"在案例教学之后，向"负"方向转变；而"个人眼界"（C1）出现了显著性差异。由此可见，案例教学对体育硕士思考的品质、表达思考品质的能力、研究能力、人际能力、个人眼界等方面产生了显著影响，而对信念与价值、自我评价的影响不显著。

表4-5 案例教学学生学习质量二级指标配对样本t检验

一级指标/ Sig.（双侧）	二级指标	均值	标准差	均值的 标准误	t	df	Sig. （双侧）
心智发展层面 pre A-post A （.000 **）	思考的品质 pre A1- post A1	-.66875	.66960	.10587	-6.317	39	.000 **

续表

一级指标/ Sig.（双侧）	二级指标	均值	标准差	均值的 标准误	t	df	Sig. （双侧）
技能发展层面 pre B- post B （.000**）	表达思考品质 的能力 pre B1-post B1	-.40000	.87119	.13775	-2.904	39	.006**
	研究能力 pre B2-post B2	-.36750	.62184	.09832	-3.738	39	.001**
	人际能力 pre B3-post B3	-.40000	.82586	.13058	-3.063	39	.004**
态度层面 pre C-post C （.041*）	个人眼界 pre C1-post C1	-.46675	.87357	.13812	-3.379	39	.002**
	信念与价值 pre C2-post C2	-.175	.931	.147	-1.189	39	.242
	自我评价 pre C3-post C3	.01250	.67451	.10665	.117	39	.907

注：pre 代表前测，post 代表后测，* 代表实验前后具有差异，** 代表 $p < 0.01$。

2. 体育硕士案例教学效果具体分析

为了直观评价体育硕士案例学习质量，需要通过表 4-6，对具体测量项目进行分析。

第一，从"思考的品质"来看。经历过案例教学后，体育硕士在"能否举出例证来支撑自己的观点"（A1-5）上的改变并不明显，这并非说明案例教学对体育硕士认知论的提升效果不明显，认知论与运用理论解释案例有很大的关系，此处仅为例证列举的能力。

第二，从"表达思考品质的能力"来看，体育硕士使用语言表达清楚自己观点的能力提升显著（B1-2），而文字表达能力没有发生显著变化（B1-1）。可以说，案例教学在提高体育硕士语言表达能力方面远优于提升文字表达能力。

表 4-6　案例教学对体育硕士各成分发展的影响分析

二级指标	三级指标	均值	标准差	均值的 标准误	t	df	Sig. （双侧）
A1 思考的 品质	pre A1-1- post A1-1	-.825	1.375	.217	-3.794	39	.001**

续表

二级指标	三级指标	均值	标准差	均值的标准误	t	df	Sig.（双侧）
A1 思考的品质	pre A1 - 2- post A1 - 2	- .700	.883	.140	- 5.014	39	.000 **
	pre A1 - 3- post A1 - 3	- .775	1.025	.162	- 4.782	39	.000 **
	pre A1 - 4- post A1 - 4	- .475	1.432	.226	- 2.098	39	.042 *
	pre A1 - 5- post A1 - 5	- .375	1.170	.185	- 2.027	39	.050
	pre A1 - 6- post A1 - 6	- 1.275	1.281	.203	- 6.296	39	.000 **
	pre A1 - 7- post A1 - 7	- .300	.853	.135	- 2.223	39	.032 *
	pre A1 - 8- post A1 - 8	- .625	1.055	.167	- 3.748	39	.001 **
B1 表达思考品质的能力	pre B1 - 1- post B1 - 1	- .250	.927	.147	- 1.706	39	.096
	pre B1 - 2- post B1 - 2	- .550	1.154	.182	- 3.015	39	.004 **
B2 研究能力	pre B2 - 1- post B2 - 1	- .325	.797	.126	- 2.579	39	.014 *
	pre B2 - 2- post B2 - 2	- .225	.920	.145	- 1.548	39	.130
	pre B2 - 3- post B2 - 3	- .550	1.197	.189	- 2.905	39	.006 **
B3 人际能力	pre B3 - 1- post B3 - 1	- .450	1.218	.193	- 2.336	39	.025 *
	pre B3 - 2- post B3 - 2	- .350	1.075	.170	- 2.058	39	.046 *
C1 个人眼界	pre C1 - 1- post C1 - 1	- .350	1.369	.216	- 1.617	39	.114
	pre C1 - 2- post C1 - 2	- .375	.740	.117	- 3.204	39	.003 **
	pre C1 - 3- post C1 - 3	- .675	1.492	.236	- 2.862	39	.007 **
C2 信念与价值	pre C2 - 1- post C2 - 1	- .175	.931	.147	- 1.189	39	.242

续表

二级指标	三级指标	均值	标准差	均值的标准误	t	df	Sig.（双侧）
C3 自我评价	pre C3 – 1- post C3 – 1	.125	.992	.157	.797	39	.430
	pre C3 – 2- post C3 – 2	– .100	.744	.118	– .850	39	.401

注：pre 代表前测，post 代表后测，＊代表实验前后具有差异，＊＊代表 $p < 0.01$。

第三，从"研究能力"来看，体育硕士在搜集、组织资料，以及理论工具运用上均具有显著性差异（B2 – 1、B2 – 3），而记录资料能力稍显不足。

第四，从"人际能力"来看，体育硕士逐渐注意到别人的观点，并且在"协助并促进小组学习讨论"方面受到了正面影响（B3 – 1、B3 – 2）。

第五，从"个人眼界"来看，体育硕士"容忍别人含糊不清地表达"及"从宏观的角度看待案例中的问题"两个方面的能力提升明显（C1 – 2、C1 – 3），而在"能保持正面的看法且不偏执"方面受到的影响不显著。

第六，从"信念与价值"以及"自我评价"来看，体育硕士在"表现出追求问题解答的信念"、"以开放的态度进行自我评价"及"有自我评价能力"三个方面没有受到明显影响（C2 – 1、C3 – 1、C3 – 2）。

（六）体育硕士对体育教学案例的感知评价

从表 4 – 7 可知，经过配对样本 t 检验后发现，体育硕士对本轮案例教学行动研究中使用的体育案例的评价，在"引起注意"、"信心"、"相关性"及"满足感"四个方面都具有显著性差异。但"一级指标"之间存在显著性差异并不能说明细分指标之间存在差异。因此，需要进一步对细分指标进行配对样本 t 检验。

首先，从体育教学案例评价的"引起注意"维度来看，体育硕士普遍认为体育教学案例能在课程开始前引起学生注意，激发学生的兴趣，他们逐渐意识到教学案例的文本非常生活化（A1、A2）。这些体育案例内容并不令他们感到厌烦，有时体育硕士还能从案例中获得一些意料之外的知识，这些能帮助他们更好地集中注意力（A3、A9、A11）。

其次，从体育教学案例评价的"信心"维度来看，体育硕士普遍认为理解体育教学案例中的内容不再像之前那样困难，渐渐地，他们不再认为案例后面的讨论难度太大，有信心学好案例的内容，并与自己已有的体育知识建立联系（B1、B3、B4、B5、B6）。此外，体育硕士也发现，想要彻底了解案例文本的内容，光靠案例教学本身是不够的（B7）。

再者，从体育教学案例评价的"相关性"维度来看，体育硕士普遍认为体育教学案例中的很多故事，能让自己了解本次所要学习的重点，认为体育教学案例本身所传达的知识值得自己去了解，能在描述案例内容的同时不断进行自我反思（C2、C6、C8）。然而，体育硕士并不总是能从教学案例中发现"如何运用知识"的教学说明，也并不总是觉得成功完成案例教学的学习对自己来说很重要（C3、C5）。

最后，从体育教学案例评价的"满足感"维度来看，体育硕士普遍很期待这种案例使用的形式，认为与同学之间进行案例讨论能为自己带来成就感，这些良好的感觉将有助于他们的学习（D1、D3、D6）。事实上，体育硕士较为认可体育教学案例中提炼出来的知识，尤其是体育案例后面的讨论部分，能让体育硕士感觉到很多良好的结果是通过自己的努力所获得的（D2、D4）。

表 4-7 体育硕士对体育教学案例感知评价的分析

一级指标	二级指标	均值	标准差	均值的标准误	t	df	Sig.（双侧）
A 引起注意 Sig.（双侧）.000 **	pre A1-post A1	-.700	1.043	.165	-4.246	39	.000 **
	pre A2-post A2	-.825	1.448	.229	-3.603	39	.001 **
	pre A3-post A3	-.625	1.314	.208	-3.007	39	.005 **
	pre A4-post A4	-.300	1.159	.183	-1.637	39	.110
	pre A5-post A5	.125	1.682	.266	.470	39	.641

续表

一级指标	二级指标	均值	标准差	均值的标准误	t	df	Sig.（双侧）
A 引起注意 Sig.（双侧）.000 **	pre A6-post A6	－.650	1.145	.181	－3.591	39	.001 **
	pre A7-post A7	－.700	1.363	.215	－3.249	39	.002 **
	pre A8-post A8	－.800	1.181	.187	－4.284	39	.000 **
	pre A9-post A9	－.525	1.086	.172	－3.058	39	.004 **
	pre A10-post A10	－.200	1.018	.161	－1.243	39	.221
	pre A11-post A11	－.900	1.464	.231	－3.888	39	.000 **
	pre A12-post A12	.050	1.176	.186	.269	39	.789
B 信心 Sig.（双侧）.000 **	pre B1-post B1	－1.150	1.610	.255	－4.517	39	.000 **
	pre B2-post B2	－.325	1.289	.204	－1.595	39	.119
	pre B3-post B3	－1.225	1.368	.216	－5.664	39	.000 **
	pre B4-post B4	－.575	1.238	.196	－2.937	39	.006 **
	pre B5-post B5	－.575	1.196	.189	－3.041	39	.004 **
	pre B6-post B6	－.975	1.143	.181	－5.394	39	.000 **
	pre B7-post B7	－.200	1.091	.172	－1.160	39	.253
C 相关性 Sig.（双侧）.000 **	pre C1-post C1	－.725	1.154	.183	－3.972	39	.000 **
	pre C2-post C2	－.575	1.534	.243	－2.371	39	.023 *
	pre C3-post C3	－.200	.853	.135	－1.482	39	.146

续表

一级指标	二级指标	均值	标准差	均值的标准误	t	df	Sig.（双侧）
C 相关性 Sig.（双侧） .000 **	pre C4- post C4	-.550	1.260	.199	-2.761	39	.009 **
	pre C5- post C5	-.025	.862	.136	-.183	39	.855
	pre C6- post C6	-.625	1.213	.192	-3.259	39	.002 **
	pre C7- post C7	-.900	1.692	.267	-3.365	39	.002 **
	pre C8- post C8	-.700	1.588	.251	-2.787	39	.008 **
	pre C9- post C9	-.725	1.467	.232	-3.125	39	.003 **
D 满足感 Sig.（双侧） .000 **	pre D1- post D1	-.625	1.334	.211	-2.964	39	.005 **
	pre D2- post D2	-.625	1.334	.211	-2.964	39	.005 **
	pre D3- post D3	-.500	1.109	.175	-2.850	39	.007 **
	pre D4- post D4	-.625	1.148	.181	-3.444	39	.001 **
	pre D5- post D5	-.675	1.526	.241	-2.798	39	.008 **
	pre D6- post D6	-.475	1.219	.193	-2.464	39	.018 *
	pre D7- post D7	-.375	1.514	.239	-1.567	39	.125

注：pre 代表前测，post 代表后测，* 代表实验前后具有差异，** 代表 $p < 0.01$。

（七）体育硕士对案例教学课程的感知评价

从表 4-8 可知，经过配对样本 t 检验后发现，体育硕士对本轮行动研究中案例教学课程的评价，在"引起注意"、"信心"、"相关性"及"满足感"四个方面都具有显著性差异。进一步对细分指标进行配对样本 t 检验后有如下发现。

表 4－8　体育硕士对案例教学课程感知评价的分析

一级指标	二级指标	均值	标准差	均值的标准误	t	df	Sig.（双侧）
A 引起注意 Sig.（双侧） .000 **	pre A1-post A1	.225	1.097	.174	1.297	39	.202
	pre A2-post A2	-.675	.944	.149	-4.521	39	.000 **
	pre A3-post A3	-.625	1.295	.205	-3.053	39	.004 **
	pre A4-post A4	-.125	1.181	.187	-.670	39	.507
	pre A5-post A5	-.100	1.257	.199	-.503	39	.618
	pre A6-post A6	-.750	1.373	.217	-3.455	39	.001 **
	pre A7-post A7	-.875	1.471	.233	-3.762	39	.001 **
	pre A8-post A8	-.700	1.418	.224	-3.122	39	.003 **
B 信心 Sig.（双侧） .002 **	pre B1-post B1	-.200	1.757	.278	-.720	39	.476
	pre B2-post B2	-.475	.847	.134	-3.547	39	.001 **
	pre B3-post B3	-.700	1.488	.235	-2.974	39	.005 **
	pre B4-post B4	-.200	1.114	.176	-1.135	39	.263
	pre B5-post B5	-.425	1.083	.171	-2.481	39	.018 *
	pre B6-post B6	-.575	1.318	.208	-2.759	39	.009 **
	pre B7-post B7	-.525	1.281	.203	-2.592	39	.013 *
C 相关性 Sig.（双侧） .006 **	pre C1-post C1	-.525	1.320	.209	-2.515	39	.016 *

续表

一级指标	二级指标	均值	标准差	均值的标准误	t	df	Sig.（双侧）
C 相关性 Sig.（双侧） .006 **	pre C2- post C2	−.400	1.008	.159	−2.511	39	.016 *
	pre C3- post C3	−.675	1.071	.169	−3.984	39	.000 **
	pre C4- post C4	−.100	1.277	.202	−.495	39	.623
	pre C5- post C5	−.250	1.235	.195	−1.280	39	.208
	pre C6- post C6	−.575	1.196	.189	−3.041	39	.004 **
	pre C7- post C7	−.175	1.299	.205	−.852	39	.399
	pre C8- post C8	−.325	1.185	.187	−1.734	39	.091
D 满足感 Sig.（双侧） .000 **	pre D1- post D1	−.525	1.176	.186	−2.822	39	.007 **
	pre D2- post D2	−.575	1.259	.199	−2.890	39	.006 **
	pre D3- post D3	−.350	1.272	.201	−1.740	39	.090
	pre D4- post D4	−.500	1.132	.179	−2.793	39	.008 **
	pre D5- post D5	−.475	1.109	.175	−2.709	39	.010 *
	pre D6- post D6	−.325	1.185	.187	−1.734	39	.091
	pre D7- post D7	−.625	1.295	.205	−3.053	39	.004 **
	pre D8- post D8	−.600	1.464	.231	−2.592	39	.013 *

注：pre 代表前测，post 代表后测，* 代表实验前后具有差异，** 代表 $p < 0.01$。

首先，从案例教学课程"引起注意"维度来看，体育硕士普遍认为案例教学课能逐渐引起他们的注意，他们认可教师使用这种教学形式协助学生生成知识。这是因为教师能使用很多有趣的教学技巧，引起学生的好奇心，促使他们积极解决并回答问题，使他们上课不再"梦游"（A2、A3、A6、A7、A8）。很多体育硕士虽然内心可能已经对课程内容产生好奇，但疏于表达，使其他同学未曾捕捉到他们"外冷内热"的课堂状态。

其次，从案例教学课程"信心"维度来看，体育硕士普遍认为能否完成案例教学课程取决于自己，并且他们相信只要自己努力就能完成这项课程，还能得到足够的回馈（B2、B5、B7）。随着案例教学课程的开展，体育硕士能有效地进入课程学习状态，并逐渐弱化了关于案例教学课程内容过难的想法（B3）。此外，他们还发现自己有信心针对这门课程制定出适合的目标（B6）。虽然他们普遍相信努力能有回报，但这并不代表多数人对学好这门课充满信心，随着案例教学的开展，很多学生意识到这门课程具有潜在的难度（B1）。

再者，从案例教学课程"相关性"维度来看，体育硕士普遍认为案例教学课程中所学的知识对自己有益，教师能够强调课程中的重点，并引导学生逐渐认识到课程案例内容与过去所学的一些知识相关，从而促使体育硕士主动地参与这项案例教学课程（C1、C2、C3、C6）。虽然大部分体育硕士相信自己能为这门课程制定出恰当的目标，但他们却觉得完成这门课程不需要设定较高的目标，而且认为在课堂上无须表现得很优秀就能完成课程目标（C4、C5、C7）。这也说明，体育硕士在学习过程中存在"搭便车"的现象。

最后，从案例教学课程"满足感"维度来看，体育硕士普遍认为案例教学课程带来了很大的满足感，这种满足感建立在自己的成绩获得了公平对待、老师给的成绩比预想的要好以及从案例教学课程中获得了意外的知识的基础上（D1、D2、D4、D5）。但由于案例教学让学生承担了以往不曾有的准备工作，有些体育硕士并没有真正喜欢上研习这门课程（D3）。

第四节　第二轮行动研究的总结

一　主要成效

第二轮行动研究在确立了以"体育教师教育"为主题的前提下，基于

"体育教材教法"核心课程,利用认知网络与量表调查相结合的方式,对体育教学领域的体育硕士进行案例教学。行动结果表明:案例教学使体育硕士具备了与体育教师相似的认知网络,虽然他们之间的认知侧重点不同,但与没有经历案例教学的体育硕士相比,案例教学使体育硕士逐渐养成了以学生为中心和以认知论为依据的认知网络。

同时,案例教学能对体育硕士获得重要知识形态 PCK 产生明显的效果,经过"体育教师教育"主题案例教学后,体育硕士所形成的 PCK 与体育教师的以目标、学生、评价为主的稳定三角关系相比,依然存在一定的进步空间,但体育硕士逐渐形成了"以学生为中心"的体育教学策略知识运用的认知状态,这与体育教师 PCK 认知网络具有较高的相似度。因此,这些行动研究成效也证明了案例教学能有效促进体育硕士理解 PCK,帮助体育硕士建立实践认知。

此外,量表调查结果也表明:案例教学对体育硕士的"心智""技能""态度"等层面的发展具有显著效果。体育硕士对体育教学案例和案例教学课程的"引起注意"、"信心"、"相关性"及"满足感"四个方面给予了肯定。

二 主要问题

第一,本轮行动研究虽然确立了"体育教师教育"主题,并对"体育教材教法"核心课程进行了案例采编,但在实际教学过程中,体育案例的学科知识与教学进度不能局限于一门课程,或仅按照课程目录进行授课。故而,在第二轮行动研究前期发现这个问题之后,研究人员对后续的课程进行了调整,将课程教学流程由按照书本目录,改为依据专家给案例的打分值,按由低到高的顺序进行授课。

第二,本轮用于验证案例教学能让体育硕士形成"像体育教师一样"的认知思维的依据主要是 SKIVE 认知网络框架与 PCK 结构。但目前尚未形成对体育教师 PCK 结构定性的统一口径,SKIVE 认知网络框架尚未在案例教学领域使用。因此,对于整合形成的分析框架需要进一步的论证。

第三,本轮行动研究虽然提出了案例教学效果验证的认知框架,但尚未针对运动训练、体育社会指导等领域进行案例采编,仅能说明案例教学在体育教师教育领域的效果。

第四，为了使参与案例教学的体育硕士人数接近常规教学人数，本轮参与案例教学的学生人数达 40 人，但每组中发言的学生依旧以 1~2 人为主，其余学生作为辅助，尚未完全避免"搭便车"现象。同时，随着人数的增多，分组也在增多。跟第一轮行动研究相比，虽然仅多了 3 组，但每组体育硕士在案例教学课堂上的讨论时间需要进行压缩，整个课堂节奏快于第一轮，很多小组会出现表述时间不够的现象。因此，中大班案例教学易对教学效果产生影响。

三 后续行动的构想

在新一轮的行动研究中，一是要围绕已确立的体育硕士培养领域（如体育教学）进行大量的案例采编，对该领域的体育案例进行归类与主题提炼，突破核心课程"绝对"束缚，形成以主题为特点的体育硕士案例教学；二是与校方协商，分别进行小班与中大班的案例教学实验，探索有效促进案例教学效果的合理人数配比；三是对当前已经历过案例教学的学生进行追踪研究，尤其注意与联合培养基地的对接，观测这批学生在实习岗位的表现。

第五章

结论与展望

一　研究结论

本研究围绕体育硕士专业学位研究生案例教学的理论构建与实证研究，得出如下研究结论。

（1）体育硕士案例教学是指根据体育硕士的培养目标，以体育案例为中介，培育体育硕士运用理论分析与解决真实情境中体育问题的实践智慧，进而培养其理论联系实践能力的教学方式。

（2）体育硕士案例教学具有覆盖体育领域广泛、涉及体育问题复杂、囊括体育基本理论范畴的特征。其包含"载体要素的工具性"、"过程要素的自下而上"及"目的要素的动态生成"三种逻辑要素。在此视角下，体育硕士案例教学应具有的价值意蕴是：理清培养目标，明晰学术型与专业型体育硕士培养的边界；改革培养模式，打通体育硕士课程、实践及论文间的壁垒；设置核心课程，破解体育硕士能力本位课程建设的共性；强化学位论文，改变体育硕士专业学位论文的学术化倾向等。

（3）国外体育案例十分注重"专业性"、"职业性"及"成长性"三个核心要素的相互协调，促进高质量体育应用人才的培育。而我国体育硕士案例教学的认知与实践依然面临体育案例的获取、案例教学与教师利益的矛盾、案例教学的课堂教学组织等问题。要缓解这种情况，亟须探索并构建一套具有适用性、可操作性、实效性的体育硕士案例教学模式。

（4）在理论、经验与现实基础之上，本书构建了我国体育硕士案例教学模式。模式包含"教师的案例教学"与"学生的案例学习"两个结构维度，每个维度都包含检索、重用、修正和储存四个体育案例认知过程。同时，我国体育硕士案例教学模式的实施程序主要包括"体育硕士教学案例的研发"与"体育硕士案例教学的实施"。

（5）第一轮行动研究证实：实施案例教学能提升体育硕士的认知能力，这是一种让体育硕士由浅层理解水平向深层理解水平变化的过程。第二轮行动研究证实：案例教学能让体育硕士具备像体育教师一样进行专业思考的能力，即案例教学使体育硕士具备与体育教师相似的认知网络——一种以学生为中心和以认知论为联动的认知网络。此外，本书还提出案例教学能对体育硕士获得 PCK 产生明显的正向效果，有效促进体育硕士理解 PCK，帮助体育硕士建立实践认知。

二　研究的局限性

我国关于案例教学的理论与实践研究还处于探索阶段，体育学科案例教学的实践尚不深入，加之案例教学本身具有复杂性，行动研究过程也在动态变化，因此本研究存在以下几点研究局限。

第一，行动研究对象的局限。本书行动研究的对象主要为体育教学领域的体育硕士，案例主题设定为体育教师教育，缺少针对其他领域的教学行动。

第二，研究者教学经验的不足。由于研究者缺乏针对性的课堂教学经验，在行动研究中多依赖集中小学体育教学经验、科研能力与学历水平、体育硕士授课任务三种条件于一身的教师，而研究者本身，多以旁观者的视角进行行动观察，因此在体育硕士案例教学的细节认知上存在局限。

第三，体育硕士案例教学效果评价有待进一步完善。国内外目前普遍使用量表对案例教学效果进行评价，量表形式多样，但对体育领域缺乏针对性。本研究创新性地使用 SKIVE 认知网络框架与 PCK 结构相结合的方式，运用认知网络分析法检验案例教学的效果。目前尚未形成对体育教师 PCK 结构定性的统一口径，SKIVE 认知网络框架尚未在案例教学领域使用。因此，需要对当前整合形成的案例教学效果分析框架进行不断完善。

三 进一步研究的问题

当体育硕士、案例教学及行动研究几个关键词组合在一起，注定是一项复杂且持续的系统工程。本研究仅对完善体育硕士案例教学的一些问题进行了探究性研究，不足以解决其所有问题。以本研究为起点，有以下几个值得进一步探讨的问题。

第一，探索体育硕士教学案例的开发路径。体育案例是体育硕士开展案例教学的基本前提，对于什么是"好"的体育案例，哪些能成为体育案例素材，原始材料如何加工，如何把握体育案例研究与案例教材之间的转化，这些都需要在后续的研究与实践中系统化。

第二，构建体育硕士案例教学评价体系。本研究尝试从体育硕士认知网络、体育案例学习质量、体育案例及课程的感知评价几个方面进行案例教学评价，但评价依据多借鉴其他学科或领域，针对性稍显不足。因此，在后续的研究中，开发体育硕士案例教学效果的测量工具尤为重要。

第三，开展体育硕士案例教学的追踪研究。如果说案例教学是提高体育硕士培养质量的重要手段，那么联合培养基地就是提高体育硕士培养质量的重要保证。体育硕士案例教学的经验积累，需要与体育硕士联合培养基地之间建立联动机制，通过追踪研究的方式，总结案例教学模式在推进体育硕士培养模式改革中的实践经验。

参考文献

阿吉里斯，克里斯、舍恩，唐纳德，2008，《实践理论：提高专业效能》，邢清清、赵宁宁译，教育科学出版社。

埃利特，威廉，2009，《案例学习指南：阅读、分析、讨论案例和撰写案例报告》，中国人民大学出版社。

曹洁、张小玲、武文洁，2015，《对专业学位硕士研究生教育与培养模式的思考与探索》，《清华大学教育研究》第 1 期。

曹兴权，2009，《商法案例教学模式的拓展探索》，《中国大学教学》第 9 期。

褚艳宁，2014，《高职院校管理类课程"探究式"案例教学模式的构建》，《教育理论与实践》第 9 期。

丛立新，2013，《当前我国基础教育课程改革理论问题研究》，重庆大学出版社。

崔建霞、刘新刚、杨才林、赵亮、王文娟，2018，《新时代高校思想政治理论课案例教学指南》，人民出版社。

邓新明、左可榕、孙源婧，2015，《工商管理专业案例教学质量学生满意度探讨——基于一项案例教学实践调查》，《中国大学教学》第 1 期。

杜威，2005，《确定性的寻求》，傅统先译，上海人民出版社。

杜威，1997，《哲学的改造》，许崇清译，商务印书馆。

方千华、黄汉升、朱桂林，2014，《我国全日制体育硕士专业学位研究生培养的困境与路径》，《上海体育学院学报》第 6 期。

方千华、王家宏、季浏、贾明学、王雷，2018，《我国体育学研究生课程建设研究——基于全国 63 所院校的调查分析》，《体育科学》第 5 期。

冯永刚，2015，《研究生案例教学不能遗失的三维向度》，《北京社会科学》第 6 期。

付永刚、王淑娟，2014，《管理教育中的案例教学法》，大连理工大学出版社。

高文、徐斌艳、吴刚，2008，《建构主义教育研究》，教育科学出版社。

格拉塞斯费尔德，恩斯特，2017，《激进建构主义》，李其龙译，北京师范大学出版社。

顾建平，2007，《探讨和谐视角下的管理学案例教学模式》，《教育与职业》第 9 期。

郭文臣，2010，《即时型案例教学模式探析》，《学位与研究生教育》第 7 期。

郭艳红，2017，《PCK 理论对我国体育硕士培养模式的启示》，《研究生教育研究》第 1 期。

郭艳红、方志军，2015，《PCK 视角下体育硕士专业学位研究生培养的审思》，《学位与研究生教育》第 7 期。

何克抗，1997，《建构主义的教学模式、教学方法与教学设计》，《北京师范大学学报》（社会科学版）第 5 期。

胡斌，2016，《体育硕士专业学位研究生教育综合改革的探索与实践——以北京体育大学为例》，《学位与研究生教育》第 10 期。

胡斌，2017，《我国体育硕士专业学位研究生教育与培养若干问题的思考》，《北京体育大学学报》第 8 期。

江卫东，2002，《MBA 管理案例教学》，《经济管理》第 7 期。

李宝元，2017，《案例研究教学法：以人力资源管理教学实践为应用范例》，人民邮电出版社。

李传兵、方千华，2014，《新时期全日制体育硕士专业学位研究生课程设置探索——现状、问题及改革设想》，《学位与研究生教育》第 10 期。

李广培，2001，《〈组织行为学〉案例教学实施的思考》，《福州大学学报》（哲学社会科学版）第 S1 期。

李鸿江、赵德勋、常志利、任占兵、尹军，2010，《中英体育学科硕士研究生课程结构与培养模式的比较研究》，《首都体育学院学报》第 1 期。

李太平、戴迎峰、黄富珉，2017，《案例教学困境及其超越的文化思考》，《高等工程教育研究》第 4 期。

李卫东、杨军伟，2014，《我国全日制体育硕士专业学位课程设置分析——以体育教学领域为例》，《体育学刊》第 1 期。

李永海，2014，《基于相似案例分析的决策方法与应用研究》，博士学位论文，东北大学。

李玉栋，2017，《论以案例教学为核心的"四位一体"教育硕士教学模式》，《研究生教育研究》第 3 期。

李征博、曹红波、郑月龙、胡京波，2018，《哈佛大学商学院案例教学运行模式及对我国的启示》，《学位与研究生教育》第 11 期。

林德斯，路易丝、厄斯金，詹姆斯、林德斯，迈克尔，2011，《毅伟商学院案例学习》，赵向阳、黄磊译，北京师范大学出版社。

刘刚，2008，《哈佛商学院案例教学作用机制及其启示》，《中国高教研究》第 5 期。

刘良华，2017，《教育哲学》，华东师范大学出版社。

刘良华，2015，《西方哲学："生命·实践"教育学视角之思》，华东师范大学出版社。

刘录护、扈中平，2015，《教师教育中的案例教学：理念、案例与研究批判》，《教师教育研究》第 3 期。

刘培军，2013，《雇主评价：专业学位研究生教育质量评估的必要指标》，《黑龙江高教研究》第 9 期。

刘益东，2017，《论行动科学视域中的教育本质和意义教育》，《现代远程教育研究》第 5 期。

刘宇，2013，《实践智慧的概念史研究》，重庆出版社。

刘志迎、张孟夏，2017，《工商管理教学案例的课堂检验探讨》，《管理案例研究与评论》第 4 期。

洛克，1998，《教育漫话》，徐诚译，河北人民出版社。

马特，2008，《讨论式教学在法学教育中的运用》，《中国成人教育》第 5 期。

芈凌云、王文顺、俞学燕、丛金秋，2018，《基于 MBA 学员视角的案例教学效果影响因素实证研究》，《黑龙江高教研究》第 11 期。

纳尔逊，卡娜、普赖斯，凯，2016，《有效教学设计：帮助每个学生都获得成功》（第四版），李文岩译，中国人民大学出版社。

宁骚，2006，《公共管理类学科的案例研究、案例教学与案例写作》，《新视野》第 1 期。

皮亚杰，1981，《发生认识论原理》，商务印书馆。

史美兰，2005，《体会哈佛案例教学》，《国家行政学院学报》第 2 期。

舒尔曼，朱迪思，2007，《教师教育中的案例教学法》，华东师范大学出版社。

宋耘，2018，《哈佛商学院"案例教学"的教学设计与组织实施》，《高教探索》第 7 期。

孙军业，2004，《案例教学》，天津教育出版社。

孙伟、陈涛，2015，《以参与者为中心的哈佛管理案例教学法及其启示——基于哈佛商学院 PCMPCL 项目的述评》，《武汉科技大学学报》（社会科学版）第 1 期。

唐世纲，2016，《案例教学论》，西南交通大学出版社。

王健、曲鲁平、陶岩、刘昱宏、康鸾、司洪旭、张蕾，2011，《构建我国在职体育硕士专业学位研究生教育质量评价指标体系研究》，《天津体育学院学报》第 6 期。

王健、曲鲁平，2012，《我国全日制体育硕士专业学位研究生培养质量评价指标体系的构建》，《北京体育大学学报》第 10 期。

王淑娟、马晓蕾，2014，《基于案例教学的经管类研究生知识与能力建构机理研究》，《管理案例研究与评论》第 3 期。

王应密、张乐平，2013，《全日制工程硕士案例教学资源库建设探析》，《高等工程教育研究》第 4 期。

王泽鉴，2013，《法学案例教学模式的探索与创新》，《法学》第 4 期。

王志军、杨阳，2019，《认知网络分析法及其应用案例分析》，《电化教育研究》第 6 期。

吴忭、王戈、盛海曦，2018，《认知网络分析法：STEM 教育中的学习评价新思路》，《远程教育杂志》第 6 期。

武亚军、孙轶，2010，《中国情境下的哈佛案例教学法：多案例比较研究》，

《管理案例研究与评论》第 1 期。

夏正江，2005，《从"案例教学"到"案例研究"：转换机制探析》，《全球教育展望》第 2 期。

向俊杰、陈威，2018，《高校案例教学中教师角色错位问题研究》，《黑龙江高教研究》第 12 期。

谢晓专，2017，《案例教学法的升华：案例教学与情景模拟的融合》，《学位与研究生教育》第 1 期。

徐建华、方千华，2015，《美国大学应用型体育硕士人才培养模式及对我国的启示》，《南京体育学院学报》（社会科学版）第 6 期。

许文鑫、方千华、吴燕丹、姚绩伟，2014，《全日制体育硕士专业学位研究生教育服务质量评价——基于 SERVQUAL 模型》，《福建师范大学学报》（自然科学版）第 6 期。

鄢嫦、王协舟，2018，《图书情报硕士专业学位研究生案例教学实施策略研究》，《图书馆学研究》第 23 期。

叶松东、杜高山，2017，《新常态下我国体育硕士专业学位教育研究》，《体育文化导刊》第 9 期。

张民杰，2006，《案例教学法——理论与实务》，九州出版社。

张学敏、侯佛钢，2016，《全日制教育硕士研究生案例教学的桥梁作用》，《学位与研究生教育》第 8 期。

张义，2018，《大学生思辨能力培养模式理论与实践》，经济管理出版社。

章志远，2013，《法科生行政法案例教学模式之研究》，《河南财经政法大学学报》第 3 期。

赵光武，2000，《后现代主义哲学述评》，西苑出版社。

赵航，2015，《基于"情境化—去情境化—再情境化"的探讨式案例教学模式研究》，《管理案例研究与评论》第 3 期。

衷克定，2011，《从后现代主义知识观视域再认识教学结构的变革》，《中国电化教育》第 12 期。

周新华，2002，《"案例教学"的实践与思考》，《上海教育科研》第 3 期。

Aamodt, A., Plaza, E., 1994, "Case-based Reasoning: Foundational Issues, Methodological Variations, and System Approaches," *Ai Communications* 1, pp: 39 – 59.

Duffy, T. , Jonassen, D. , 1992, *Constructivism and the technology of instruction*: *A conversation*, Psychology Press.

Farashahi, M. , Tajeddin, M. , 2018, "Effectiveness of Teaching Methods in Business Education: A Comparison Study on the Learning Outcomes of Lectures, Case Studies and Simulations," *The International Journal of Management Education* 1, pp: 131 – 142.

Houde, J. , 2007, "Analogically Situated Experiences: Creating Insight Through Novel Contexts," *Academy of Management Learning & Education* 3, pp: 321 – 331.

McAninch, Amy R. , 1993, *Teacher Thinking and the Case Method: Theory and Future Directions*, Teachers College Press.

Merrill, M. , 1991, "Constructivism and Instructional Design," *Educational Technology* 5, pp: 45 – 53.

Nghia, T. , 2017, "What Hiders Teachers from Translating Their Beliefs into Teaching Behaviors: the Case of Teaching Generic Skills in Vietnamese Universities," *Teaching and Teacher Education* 64, pp: 105 – 114 .

Wassermann, S. , 1994, *Introduction to Case Method Teaching: A Guide to the Galaxy*, Teachers College Press.

附　录

附录 1　我国体育硕士专业学位研究生教学案例评审表

第一部分　案例正文（满分 50 分）

指标序号	评价内容	权重	优秀 （9.0≤X≤10.0）	良好 （7.0≤X<9.0）	合格 （6.0≤X<7.0）	不合格 （0≤X<6.0）
1	案例来源	10	案例材料以作者本人实地访谈、调研获得的一手资料为主；内容充实	案例材料以作者以他人的新闻报道和有关文献等二手材料为主；材料来源广泛，内容充实	案例材料以他人的新闻报道和有关文献等二手材料为主；材料来源不够广泛，内容不够充实	案例材料均为他人的新闻报道和有关文献等二手材料；材料来源单一，内容单薄

续表

指标序号	评价内容	权重	优秀 (9.0≤X≤10.0)	良好 (7.0≤X<9.0)	合格 (6.0≤X<7.0)	不合格 (0≤X<6.0)
2	选题	10	选题本土化，紧密联系我国体育实践中的重大问题；具有很强的典型性和代表性，案例在将来很长一段时间里（5年以上）都有使用价值	选题得当，紧密联系国内外体育实践中的重大问题；具有较强的典型性和代表性，案例在将来相当一段时间（3年以上）有使用价值	选题为国内外体育实践中的问题；具有典型性和代表性，案例有使用价值	选题不具有典型性和代表性；案例没有使用价值
3	摘要	5	摘要精炼准确，能反映案例的核心内容；篇幅得当	摘要比较精炼准确，能反映案例的核心内容，篇幅得当	摘要比较准确，基本能反映案例的核心内容	摘要不能反映案例核心内容
4	案例主体	20	谋篇布局非常合理；起承转合内容丰富，能还原案例的真实情境，能充分支持教学目标的实现	谋篇布局合理；起承转合比较丰富，基本能还原案例的真实情境，能支持教学目标的实现	整篇布局不够合理；文档层次不够分明；内容单薄，基本能还原案例的真实情境，基本能支持教学目标的实现	整篇布局不合理；内容单薄，不能还原案例的真实情境，无法支持教学目标实现
5	启发性	5	具有很强的启发性、争议性和复杂性；能很好地引导读者进入案例讨论情境，激发读者的探讨兴趣，能支撑教学目标的实现	具有较强的启发性、争议性和复杂性；能好地引导读者进入案例情境，激发读者的探讨兴趣，能支撑教学目标的实现	具有一定的启发性、争议性和复杂性；能引导学生进入案例情境，基本能支撑教学目标的实现	无启发性、争议性和复杂性；不能引导学生进入案例情境，不能支撑教学目标的实现

第二部分　案例使用说明（满分 50 分）

指标序号	评价内容	权重	优秀 (9.0≤X≤10.0)	良好 (7.0≤X<9.0)	合格 (6.0≤X<7.0)	不合格 (0≤X<6.0)
6	适用对象	5	案例适用的教学对象非常明确且合理	案例适用的教学对象比较明确且合理	案例适用的教学对象基本明确且合理	案例适用的教学对象不明确、不合理

续表

指标序号	评价内容	权重	优秀 (9.0≤X≤10.0)	良好 (7.0≤X<9.0)	合格 (6.0≤X<7.0)	不合格 (0≤X<6.0)
7	教学目标	5	教学目标非常清晰、合理；目标明确到具体课程和知识点	教学目标清晰、合理；目标明确到具体课程和知识点	教学目标基本明确；目标明确到具体课程和知识点	教学目标不清晰、不合理
8	教学内容及要点分析	20	案例焦点问题的基础理论知识和教学的重点、难点非常清晰、明确，推理逻辑非常清晰，引导、讨论问题能较好结合教学目标，分析深刻目标准确，结合紧密，总结要点非常契合案例内容且有延伸性	案例焦点问题的基础理论知识和教学的重点、难点清晰、明确，推理逻辑清晰，引导、讨论问题能较好结合教学目标，分析比较深刻目标准确，总结要点较契合案例内容目有一定伸性	列出了案例焦点问题的基础理论知识，教学的重点、难点明确；有引导、推理过程，讨论基本结合教学目标，分析比较深刻，总结案例与内容基本相关	案例焦点问题的基础理论知识和问题的重点、难点不明确；没有引导、推理过程不合理
9	教学安排	10	有完善的教学方案和流程，时间规划合理；教学形式丰富，能够合理整合多媒体工具	有完整的教学方案和流程，时间规划比较合理；教学形式比较丰富，能够整合多媒体工具	有教学方案和流程，时间规划基本合理	教学方案和流程不科学；时间规划不合理
10	附录及补充材料	10	提供了适量的、有价值的辅助信息资料；罗列了优质的课后阅读文章或书目；提供了与案例密切相关的音视频材料或链接	提供了有价值的辅助信息资料；罗列了比较优质的课后阅读推荐文章或书目；提供了与案例较为密切的音视频材料或链接	提供了有关辅助信息资料；罗列了有关的课后阅读推荐文章或书目；提供了与案例有关的音视频材料或链接	没有附录及补充材料

续表

第三部分　文稿质量（满分 20 分）

指标序号	评价内容	权重	优秀 (9.0≤X<10.0)	良好 (7.0≤X<9.0)	合格 (6.0≤X<7.0)	不合格 (0≤X<6.0)
11	文本可读性	10	语言生动、概念准确、条理清晰、行文流畅、详略得当，结构完整	概念准确、条理性好、行文通顺、详略有别，结构基本完整	部分概念模糊、条理不清，行文基本通顺，详略无明显区分，结构不够完整	概念模糊，无条理、文法不通，无主次，结构存在缺失
12	文本规范性	10	引注规范，图表格式一致，不存在知识产权争议清晰；不存在知识产权争议	少量引注不规范，部分图表格式不一致；不存在知识产权争议	引注不规范，图表格式不一致，可能存在知识产权争议	引注不全面，图表格式凌乱，存在严重的知识产权争议

附录 2 研究资料收集的量表的信度、效度表总汇

2.1 信度

2.1.1 案例教学学生学习行为评价量表信度（题项总分相关法）

题项	校正的项总计相关性	项已删除的 Cronbach's Alpha 值
心智发展层面		
1. 能了解案例表达的主要观念	0.583	0.872
2. 能包容课堂上别人提出的观点	0.719	0.858
3. 能区分建议、假设、事实之间的区别	0.661	0.864
4. 能容忍与自己观念对立的案例材料	0.657	0.864
5. 能举出例证来支撑自己的观点	0.572	0.873
6. 能结合所学理论对案例材料做出明确的解释	0.665	0.863
7. 能在案例学习过程中产生创新甚至创造方案的能力	0.649	0.865
8. 能逐渐养成善于思考的习惯与判断	0.653	0.865
技能发展层面		
9. 能使用文字清楚表达自己的观点	0.773	0.867
10. 能使用语言清楚表达自己的观点	0.755	0.869
11. 能具备搜集与组织资料的能力	0.803	0.863
12. 能具备正确记录资料的能力	0.668	0.880
13. 能具备熟练运用理论工具的能力	0.616	0.886
14. 能注意到别人的观点	0.545	0.893
15. 能协助并促进小组间的学习与讨论	0.681	0.878
态度层面		
16. 能保持正面的看法，不偏执	0.693	0.835
17. 能容忍别人含糊不清的表达	0.596	0.852

题项	校正的项总计相关性	项已删除的 Cronbach's Alpha 值
18. 能从宏观的角度看待案例中的问题	0.648	0.843
19. 能透过行为表现出追求问题解答的信念	0.609	0.850
20. 能以开放的态度进行自我评价	0.720	0.832
21. 有自我评价的能力	0.698	0.834

2.1.2　案例教学教学案例评价量表信度（题项总分相关法）

题项	校正的项总计相关性	项已删除的 Cronbach's Alpha 值
引起注意		
1. 在课程开始时，有些令我感兴趣的部分引起我的注意	0.634	0.770
2. 这些案例文本是很生活化的	0.436	0.787
3. 案例写作的品质能帮助我集中注意力	0.579	0.774
4. 这项课程过于抽象，以至我很难保持注意力 *	0.329	0.798
5. 这项课程的案例文本很枯燥乏味 *	0.566	0.774
6. 案例文本的内容符合我的兴趣	0.679	0.764
7. 这项课程能引起我的好奇心	0.647	0.768
8. 这项课程中重复的部分有时让我感到厌烦 *	0.497	0.781
9. 我能从课程中学到一些意料之外的知识	0.509	0.784
10. 案例文章、测验等方式能帮我保持对课程的注意力	0.683	0.760
11. 案例文本写作的风格让我感觉厌烦 *	-0.498	0.864
12. 案例文本中的文字过多，以至于让我觉得烦躁 *	0.537	0.777
信心		
14. 要理解这份案例文本的内容比我想象中困难 *	0.633	0.856
15. 我认为读完案例简介后能从中学到什么	0.695	0.849
16. 我觉得案例文本中有部分内容很难与已知的知识连接起来 *	0.711	0.845
17. 当我进行这项课程时觉得有信心学会其中的内容	0.670	0.851
18. 案例后的讨论难度太大 *	0.627	0.857

续表

题项	校正的项总计相关性	项已删除的Cronbach's Alpha 值
19. 当我短暂学习这项课程后，已有信心能学得很好	0.611	0.859
20. 我不能真正彻底了解案例文本的内容 *	0.630	0.859
相关性		
21. 我很清楚地知道如何将案例文本的内容与已知的知识连接起来	0.545	0.872
22. 教材中有故事、例子让我了解它所强调的重点	0.664	0.862
23. 成功地完成课程对我来说很重要	0.656	0.862
24. 这份案例文本的内容符合我的兴趣	0.578	0.869
25. 课程中有该如何运用知识的说明	0.662	0.862
26. 案例写作内容与风格表达出的知识值得去了解	0.637	0.864
27. 我已了解大部分内容，这项课程无法满足我的需求 *	0.453	0.886
28. 我能描述案例内容并自我反思	0.707	0.857
29. 课程的内容对我有帮助	0.764	0.852
满足感		
30. 与同学讨论完案例带给我成就感	0.749	0.887
31. 我喜欢这项课程并希望从中获得知识	0.696	0.893
32. 我真的很喜欢利用案例来教学的课程	0.725	0.890
33. 讨论后的反馈过程让我觉得努力得到了肯定	0.781	0.884
34. 我觉得成功完成案例课程有好处	0.712	0.891
35. 我觉得好的教学内容组织有助于学习案例文本	0.734	0.889
36. 能参与这项设计良好的案例教学令人高兴	0.634	0.901

注：一些题项序号不连贯，是因为笔者在使用题项总分相关法时，将不合适的项目直接进行了删除，表中没有保留原始的题项，下同。

2.1.3　案例教学课程评价量表信度（题项总分相关法）

题项	校正的项总计相关性	项已删除的Cronbach's Alpha 值
引起注意		
1. 教师知道如何做才能引起我们的兴趣	0.551	0.852
2. 这门课几乎无法吸引我的注意 *	0.615	0.847

题项	校正的项总计相关性	项已删除的 Cronbach's Alpha 值
3. 教师能协助我形成知识概念	0.853	0.817
4. 其他学生似乎对课程内容感到好奇	0.476	0.859
5. 教师做了一些很有趣又令人意外的事情	0.705	0.839
6. 教师使用了很多有趣的教学技巧	0.679	0.839
7. 上课时我常常做白日梦 *	0.446	0.873
8. 课程中解决与回答问题能引起我的好奇心	0.703	0.835
信心		
9. 我有信心将这门课学好	0.632	0.805
11. 我能否完成这项课程取决于我自己	0.633	0.807
12. 这项课程内容对我来说太难 *	0.325	0.852
13. 我很难预料到教师将对我的作业评定怎样的成绩 *	0.513	0.826
14. 我相信只要努力就能完成这项课程	0.639	0.806
15. 我能为这门课程定出恰当的目标	0.707	0.792
16. 我认为所做的努力能得到足够的回馈	0.703	0.795
相关性		
17. 在课程中所学的知识对我有益	0.565	0.820
18. 教师能够强调课程的重点	0.583	0.817
19. 我认为这项课程内容与我过去所学相关	0.627	0.810
20. 在这项课程中我尝试去设定较高的标准并达成目标	0.597	0.814
21. 这项课程内容与我的预期和目标有关	0.836	0.783
22. 学生会主动地参与这项课程	0.779	0.796
23. 为达成自我目标，我在这项课程中表现优良很重要	0.487	0.826
25. 我很清楚地知道这项课程能带给我个人什么益处	0.476	0.827
满足感		
27. 我觉得课程带来了很大满足感	0.751	0.800
28. 我得到的成绩与别人一样公平	0.584	0.823
29. 我喜欢研习这门课	0.668	0.812
30. 老师给的成绩比我预想的好	0.400	0.843
31. 我很满足从这门课学到的知识	0.604	0.822
32. 我对这门课感到失望 *	0.296	0.868

续表

题项	校正的项总计相关性	项已删除的Cronbach's Alpha 值
33. 我觉得反馈讨论能让我对案例作业得到足够的认知	0.766	0.802
34. 我认为课堂作业与这门课的形式相符	0.657	0.813

2.1.4 我国体育硕士专业学位研究生案例教学现状调查问卷信度（题项总分相关法）

题项	校正的项总计相关性	项已删除的Cronbach's Alpha 值
对案例教学的认知分析		
2. 案例教学就是在体育硕士教学中举例说明	0.486	0.801
3. 案例教学只是一种辅助手段，无须整节课中全部使用	0.625	0.759
4. 案例教学能培养学生运用理论解决体育相关领域实际问题的能力	0.740	0.684
5. 案例教学能提升体育硕士的反思能力	0.700	0.723
对教学案例的认知分析		
6. 案例教学中的教学案例是真实发生的故事	0.602	0.747
7. 案例教学中的教学案例需具有较为完整的故事情节	0.643	0.740
8. 案例教学中使用的案例蕴含一定的行动智慧	0.368	0.811
9. 搜集教学案例的素材需要进行实地考察与调研	0.549	0.765
案例教学使用的基本情况分析		
10. 您擅长课程的教学中使用案例教学的情况	0.859	0.782
11. 您对授课领域案例教学的熟悉程度	0.928	0.747
12. 您所在的高校鼓励教师使用案例教学授课的情况	0.682	0.824
13. 您参加体育或相关学科案例教学培训的情况	0.547	0.855
14. 您所在的高校体育硕士培养的教学环境满足案例教学使用要求的情况	0.424	0.895
教学案例开发的基本情况分析		
15. 您参与体育硕士教学案例开发的情况	0.778	—

续表

题项	校正的项总计相关性	项已删除的Cronbach's Alpha 值
16. 您对体育硕士教学案例开发工作的熟悉程度	0.778	—
案例教学实施反馈的情况分析		
19. 能很容易找到适合体育教学的案例	0.984	0.941
20. 能为体育硕士提供充分的案例阅读材料	0.845	0.955
21. 能很好地引导体育硕士进行案例讨论	0.904	0.950
22. 体育硕士能够适应案例教学的方式	0.904	0.950
23. 体育硕士在案例教学中有较大的收获	0.895	0.946
24. 会继续在体育硕士的授课中使用案例教学	0.873	0.949

2.2　效度

2.2.1　案例教学学生学习行为评价量表效度（单项与总和相关效度分析法）

题项	Pearson相关性	显著性
心智发展层面		
1. 能了解案例表达的主要观念	0.684 **	0.000
2. 能包容课堂上别人提出的观点	0.800 **	0.000
3. 能区分建议、假设、事实之间的区别	0.757 **	0.000
4. 能容忍与自己观念对立的案例材料	0.747 **	0.000
5. 能举出例证来支撑自己的观点	0.683 **	0.000
6. 能结合所学理论对案例材料做出明确的解释	0.754 **	0.000
7. 能在案例学习过程中产生创新甚至创造方案的能力	0.738 **	0.000
8. 能逐渐养成善于思考的习惯与判断	0.739 **	0.000
技能发展层面		
9. 能使用文字表达清楚自己的观点	0.845 **	0.000
10. 能使用语言表达清楚自己的观点	0.834 **	0.000
11. 能具备搜集与组织资料的能力	0.870 **	0.000

续表

题项	Pearson 相关性	显著性
12. 能具备正确记录资料的能力	0.752 **	0.000
13. 能具备熟练运用理论工具的能力	0.717 **	0.000
14. 能注意到别人的观点	0.661 **	0.000
15. 能协助并促进小组间的学习与讨论	0.768 **	0.000
态度层面		
16. 能保持正面的看法，不偏执	0.792 **	0.000
17. 能容忍别人含糊不清的表达	0.720 **	0.000
18. 能从宏观的角度看待案例中的问题	0.773 **	0.000
19. 能透过行为表现出追求问题解答的信念	0.742 **	0.000
20. 能以开放的态度进行自我评价	0.807 **	0.000
21. 有自我评价的能力	0.807 **	0.000

2.2.2 案例教学教学案例评价量表效度（单项与总和相关效度分析法）

题项	Pearson 相关性	显著性
引起注意		
1. 在课程开始时，有些令我感兴趣的部分引起我的注意	0.747 **	0.000
2. 这些文本是很生活化的	0.607 **	0.000
3. 案例写作的品质能帮助我集中注意力	0.695 **	0.000
4. 这项课程过于抽象，以至我很难保持注意力 *	0.433 **	0.005
5. 这项课程的案例文本很枯燥乏味 *	0.646 **	0.000
6. 案例文本的内容符合我的兴趣	0.751 **	0.000
7. 这项课程能引起我的好奇心	0.728 **	0.000
8. 这项课程中重复的部分有时让我感到厌烦 *	0.545 **	0.000
9. 我能从课程中学到一些意料之外的知识	0.603 **	0.000
10. 案例文章、测验等方式能帮我保持对课程的注意力	0.798 **	0.000
11. 案例文本写作的风格让我感觉厌烦 *	− 0.336 *	0.034
12. 案例文本中的文字过多，以至于让我觉得烦躁 *	0.537 **	0.000

续表

题项	Pearson 相关性	显著性
信心		
14. 要理解这份案例文本的内容比我想象中困难 *	0.742 **	0.000
15. 我认为读完案例简介后能从中学到什么	0.777 **	0.000
16. 我觉得在案例文本中有部分内容很难挑出与已知的知识连接起来 *	0.797 **	0.000
17. 当我进行这项课程时觉得有信心学会其中的内容	0.762 **	0.000
18. 案例后的讨论难度太大 *	0.740 **	0.000
19. 当我短暂学习这项课程后，已有信心能学得很好	0.712 **	0.000
20. 我不能真正彻底了解案例文本的内容 *	0.756 **	0.000
相关性		
21. 我很清楚地知道如何将案例文本的内容与已知的知识连接起来	0.642 **	0.000
22. 教材中有故事、例子让我了解它所强调的重点	0.742 **	0.000
23. 成功地完成课程对我来说很重要	0.737 **	0.000
24. 这份案例文本的内容符合我的兴趣	0.670 **	0.000
25. 课程中有该如何运用知识的说明	0.739 **	0.000
26. 案例写作内容与风格表达出的知识值得去了解	0.721 **	0.000
27. 我已了解大部分内容，这项课程无法满足我的需求 *	0.604 **	0.000
28. 我能描述案例内容并自我反思	0.783 **	0.000
29. 课程的内容对我有帮助	0.827 **	0.000
满足感		
30. 与同学讨论完案例带给我成就感	0.821 **	0.000
31. 我喜欢这项课程并希望从中获得知识	0.789 **	0.000
32. 我真的很喜欢利用案例来教学的课程	0.805 **	0.000
33. 讨论后的反馈过程让我觉得努力得到了肯定	0.843 **	0.000
34. 我觉得成功完成案例课程有好处	0.792 **	0.000
35. 我觉得好的教学内容组织有助于学习案例文本	0.808 **	0.000
36. 能参与这项设计良好的案例教学令人高兴	0.740 **	0.000

2.2.3 案例教学课程评价量表效度（单项与总和相关效度分析法）

题项	Pearson 相关性	显著性
引起注意		
1. 教师知道如何做才能引起我们的兴趣	0.661 **	0.000
2. 这门课几乎无法吸引我的注意 *	0.739 **	0.000
3. 教师能协助我形成知识概念	0.897 **	0.000
4. 其他学生似乎对课程内容感到好奇	0.583 **	0.000
5. 教师做了一些很有趣又令人意外的事情	0.771 **	0.000
6. 教师使用了很多有趣的教学技巧	0.757 **	0.000
7. 上课时我常常做白日梦 *	0.618 **	0.000
8. 课程中解决与回答问题能引起我的好奇心	0.784 **	0.000
信心		
9. 我有信心将这门课学好	0.759 **	0.000
11. 我能否完成这项课程取决于我自己	0.733 **	0.000
12. 这项课程内容对我来说太难 *	0.499 **	0.001
13. 我很难预料到教师将对我的作业评定怎样的成绩 *	0.669 **	0.000
14. 我相信只要努力就能完成这项课程	0.737 **	0.000
15. 我能为这门课程定出恰当的目标	0.803 **	0.000
16. 我认为我所做的努力得到足够的回馈	0.792 **	0.000
相关性		
17. 在课程中所学的知识对我有益	0.649 **	0.000
18. 教师能够强调课程的重点	0.674 **	0.000
19. 我认为这项课程内容与我过去所学相关	0.726 **	0.000
20. 在这项课程中我尝试去设定较高的标准并达成目标	0.705 **	0.000
21. 这项课程内容与我的预期和目标有关	0.887 **	0.000
22. 学生会主动地参与这项课程	0.836 **	0.000
23. 为达成自我目标，我在这堂课中表现优良很重要	0.616 **	0.000
25. 我很清楚地知道这项课程能带给我个人什么益处	0.596 **	0.000
满足感		
27. 我觉得课程带来了很大满足	0.828 **	0.000
28. 我得到的成绩与别人一样公平	0.698 **	0.000

续表

题项	Pearson 相关性	显著性
29. 我喜欢研习这门课	0.764 **	0.000
30. 老师给的成绩比我预想的好	0.532 **	0.000
31. 我很满足从这门课学到的知识	0.693 **	0.000
32. 我对这门课感到失望 *	0.495 **	0.001
33. 我觉得反馈讨论能让我对案例作业得到足够的认知	0.828 **	0.000
34. 我认为课堂作业与这门课的形式相符	0.756 **	0.000

2.2.4 我国体育硕士专业学位研究生案例教学现状调查问卷效度（单项与总和相关效度分析法）

题项	Pearson 相关性	显著性
对案例教学的认知分析		
2. 案例教学就是在体育硕士教学中举例说明	0.500 *	0.021
3. 案例教学只是一种辅助手段，无须整节课中全部使用	0.476 *	0.029
4. 案例教学能培养学生运用理论解决体育相关领域实际问题的能力	0.821 **	0.000
5. 案例教学能提升体育硕士的反思能力	0.811 **	0.000
对教学案例的认知分析		
6. 案例教学中的教学案例是真实发生的故事	0.770 **	0.000
7. 案例教学中的教学案例需具有较为完整的故事情节	0.768 **	0.000
8. 案例教学中使用的案例蕴含一定的行动智慧	0.553 **	0.009
9. 搜集教学案例的素材需要进行实地考察与调研	0.731 **	0.000
案例教学使用的基本情况分析		
10. 您擅长课程的教学中使用案例教学的情况	0.912 **	0.000
11. 您对授课领域案例教学的熟悉程度	0.962 **	0.000
12. 您所在的高校鼓励教师使用案例教学授课的情况	0.792 **	0.000
13. 您参加体育或相关学科案例教学培训的情况	0.705 **	0.000
14. 您所在的高校体育硕士培养的教学环境满足案例教学使用要求的情况	0.641 **	0.002

题项	Pearson 相关性	显著性
教学案例开发的基本情况分析		
15. 您参与体育硕士教学案例开发的情况	0.931 **	0.000
16. 您对体育硕士教学案例开发工作的熟悉程度	0.954 **	0.000
案例教学实施反馈的情况分析		
19. 能很容易找到适合体育教学的案例	0.991 **	0.001
20. 能为体育硕士提供充分的案例阅读材料	0.882 *	0.048
21. 能很好地引导体育硕士进行案例讨论	0.927 *	0.023
22. 体育硕士能够适应案例教学的方式	0.927 *	0.023
23. 体育硕士在案例教学中有较大的收获	0.933 *	0.021
24. 会继续在体育硕士的授课中使用案例教学	0.918 *	0.028

附录3 课程评价、教学案例评价及案例教学效果
测量量表的标记及具体内容

3.1 课程评价、教学案例评价测量量表的标记及具体内容

（注：项目后的内容标记为 A－1、A－2 等）

项目	教学案例评价内容构成	课程评价内容构成
A 引起注意	1. 在课程开始时，有些令我感兴趣的部分引起我的注意 2. 这些案例文本是很生活化的 3. 案例写作的品质能帮助我集中注意力 4. 这项课程过于抽象，以至我很难保持注意力 * 5. 这项课程的案例文本很枯燥乏味 * 6. 案例文本的内容符合我的兴趣 7. 这项课程能引起我的好奇心 8. 这项课程中重复的部分有时让我感到厌烦 * 9. 我能从课程中学到一些意料之外的知识 10. 案例文章、测验等方式能帮我保持对课程的注意力 11. 案例文本写作的风格让我感觉厌烦 * 12. 案例文本中的文字过多，以至于让我觉得烦躁 *	1. 教师知道如何做才能引起我们的兴趣 2. 这门课几乎无法吸引我的注意 * 3. 教师能协助我形成知识概念 4. 其他学生似乎对课程内容感到好奇 5. 教师做了一些很有趣又令人意外的事情 6. 教师使用了很多有趣的教学技巧 7. 上课时我常常做白日梦 * 8. 课程中解决与回答问题能引起我的好奇心
B 信心	1. 要理解这案例文本的内容比我想象中困难 * 2. 我认为读完案例简介后能从中学到什么 3. 案例文本中有些内容很难与已知的知识连接起来 * 4. 当我进行这项课程时觉得有信心学会其中的内容 5. 案例后的讨论难度太大 * 6. 当我短暂学习这项课程后，已有信心能学得很好 7. 我不能真正彻底了解案例文本的内容 *	1. 我有信心将这门课学好 2. 我能否完成这项课程取决于我自己 3. 这项课程内容对我来说太难 * 4. 我很难预料到教师将对我的作业评定怎样的成绩 * 5. 我相信只要努力就能完成这项课程 6. 我能为这门课程定出恰当的目标 7. 我认为所做的努力能得到足够的回馈

续表

项目	教学案例评价内容构成	课程评价内容构成
C 相关性	1. 我很清楚地知道如何将案例文本的内容与已知的知识连接起来 2. 教材中有故事、例子让我了解它所强调的重点 3. 成功地完成课程对我来说很重要 4. 这份案例文本的内容符合我的兴趣 5. 课程中有该如何运用知识的说明 6. 案例写作内容与风格表达出的知识值得去了解 7. 我已了解大部分内容，这项课程无法满足我的需求* 8. 我能描述案例内容并自我反思 9. 课程的内容对我有帮助	1. 在课程中所学的知识对我有益 2. 教师能够强调课程的重点 3. 我认为这项课程内容与我过去所学相关 4. 在这项课程中我尝试去设定较高的标准并达成目标 5. 这项课程内容与我的预期和目标有关 6. 学生会主动地参与这项课程 7. 为达成自我目标，我在这项课程中表现优良很重要 8. 我很清楚地知道这项课程能带给我个人什么益处
D 满足感	1. 与同学讨论完案例带给我成就感 2. 我喜欢这项课程并希望从中获得知识 3. 我真的很喜欢利用案例来教学的课程 4. 讨论后的反馈过程让我觉得努力得到了肯定 5. 我觉得成功完成案例课程有好处 6. 我觉得好的教学内容组织有助于学习案例文本 7. 能参与这项设计良好的案例教学令人高兴	1. 我觉得课程带来了很大满足感 2. 我得到的成绩与别人一样公平 3. 我喜欢研习这门课 4. 老师给的成绩比我预想的好 5. 我很满足从这门课学到的知识 6. 我对这门课感到失望* 7. 我觉得反馈讨论能让我对案例作业得到足够的认知 8. 我认为课堂作业与这门课的形式相符

3.2 体育硕士案例教学效果测量量表的标记及具体内容

（注：具体项目的内容标记为 A1 - 1、A1 - 2；B1 - 1、B1 - 2 等）

一级指标	二级指标	具体测量项目
A 心智发展层面	A1 思考的品质	1. 能了解案例表达的主要观念 2. 能包容课堂上别人提出的观点 3. 能区分建议、假设、事实之间的区别 4. 能容忍与自己观念对立的案例材料 5. 能举出例证来支撑自己的观点 6. 能结合所学理论对案例材料做出明确的解释 7. 能在案例学习过程中产生创新甚至创造方案的能力 8. 能逐渐养成善于思考的习惯与判断

续表

一级指标	二级指标	具体测量项目
B 技能发展层面	B1 表达思考品质的能力	1. 能使用文字表达清楚自己的观点 2. 能使用语言表达清楚自己的观点
	B2 研究能力	1. 能具备搜集与组织资料的能力 2. 能具备正确记录资料的能力 3. 能具备熟练运用理论工具的能力
	B3 人际能力	1. 能注意到别人的观点 2. 能协助并促进小组间的学习与讨论
C 态度层面	C1 个人眼界	1. 能保持正面的看法，不偏执 2. 能容忍别人含糊不清的表达 3. 能从宏观的角度看待案例中的问题
	C2 信念与价值	能透过行为表现出追求问题解答的信念
	C3 自我评价	1. 能以开放的态度进行自我评价 2. 有自我评价的能力

附录 4 SOLO 案例学习理解水平评价框架的专家效度问卷

————————专家，您好！

打扰您了，由于毕业论文的需要，现在 SOLO 案例学习理解水平观测架构中融入案例教学的元素，以用于体育硕士案例学习理解水平评价。现需要专家对评价框架的内容效度和结构效度进行评价，烦劳您对评价框架进行打分，不足之处还望批评指导。

天津体育学院

王涛（在读博士）

一、您的基本情况

（1）姓名：————————   （2）工作单位：————————

（3）性别：A. 男　B. 女　　（4）职称：A. 教授　B. 副教授

二、框架效度评价

请对相应结构效度与内容效度给予评价，并打"√"。相关评价框架详见后文。

	很好	较好	一般	较差	很差
框架总体					
框架结构					
框架内容					

若有不足之处，请留下您的意见：

————————————————————————————————

————————————————————————————————

SOLO 案例学习理解水平评价框架：

SOLO 层级	对案例问题回答的特征	学生案例回答结构图示	图示解释	理解水平
前结构水平（P）	学生没有回答案例中的关键要点，很多表述与案例关系不大		从左侧问题到右侧回答，没有经过中间问题所囊括的知识信息	无
单点结构水平（U）	学生能够理解案例中的一些问题，并且能够自觉调动知识信息对案例问题进行回答		从左侧问题到右侧回答，经过一个知识信息	浅层
多点结构水平（M）	学生能够通过多个方面对案例中的问题进行回答，但回答的内容比较分散		从左侧问题到右侧回答，经过多个知识信息，但彼此间的关系不清楚	较浅层
关联结构水平（R）	学生在回答案例问题时，能将自己的多种知识信息整合回答，形成网状关联		从左侧问题到右侧回答，经过多个知识信息，并将这些信息相关联	较深层
抽象拓展结构水平（E）	学生在回答案例问题时，能将知识信息高度概括，并进行抽象表达，进一步拓展案例问题的外延，形成多样的见解		从左侧问题到右侧回答，经过多个知识信息，并将这些信息相关联，跳出了问题所囊括的知识信息区间，结合其他知识信息线索，进行合理假设并得出多样的见解	深层

框架说明：

第一，若学生在回答案例问题或对案例核心概念进行描述时，不具备解决问题的相关知识信息，且信息表达混乱，则被视为处于"前结构水平"层次。

第二，若学生能使用单个相关知识信息回答问题，则被视为处于"单点结构水平"层次。

第三，若学生能使用多个相关知识信息来回答问题，但没有将这些知识信息进行贯穿时，则被视为处于"多点结构水平"层次。

第四，若学生能使用多个相关知识信息回答问题，且能在设定的案例情境中，把握多个知识信息之间的联系，并将其整合进行回答，则被视为处于"关联结构水平"层次。

第五，若学生除把握多个知识信息之间的逻辑并回答问题外，还能对现有案例问题本身的多样性进行审视，一方面能进一步拓展案例问题的内部结构与外部信息，另一方面能从多个知识信息之间识别出哪些信息的关联对应案例问题的内部结构，哪些对应外部结构，则被视为处于"抽象拓展结构水平"层次。

附录5 我国体育硕士专业学位研究生案例教学现状调查问卷的专家效度问卷

————————专家，您好！

打扰您了，由于毕业论文的需要，现在已有问卷的基础上，编制了我国体育硕士专业学位研究生案例教学现状调查问卷，以用于我国体育硕士案例教学模式构建的现实基础分析。现需要专家对调查问卷的内容效度和结构效度进行评价，烦劳您对问卷进行打分，不足之处还望批评指导。

天津体育学院

王涛（在读博士）

一、您的基本情况

（1）姓名：————————　　（2）工作单位：————————

（3）性别：A. 男　B. 女　　（4）职称：A. 教授　B. 副教授

二、问卷效度评价

请对相应结构效度与内容效度给予评价，并打"√"。调查问卷详见后文。

	很好	较好	一般	较差	很差
问卷总体					
问卷结构					
问卷内容					

若有不足之处，请留下您的意见：

————————————————————————————————

————————————————————————————————

附录6 我国体育硕士专业学位研究生案例 教学现状调查问卷

尊敬的老师，您好！

打扰了，非常感谢您参加本次问卷调查。本调查旨在了解目前我国体育硕士专业学位研究生培养中案例教学的真实情况，进而就体育硕士使用案例教学的必要性、存在问题及其他需求进行分析。问卷采取匿名形式，所设置的答案没有对错之分，最终的调查结果仅用于论文研究。烦请您抽空对问卷进行填写，不足之处还望给予指导，感谢您的参与及支持，祝您天天开心，工作顺利！

天津体育学院

王涛（在读博士）

一、基本信息

1. 您的性别

A. 男 　　　　　　　　B. 女

2. 您的教龄

A. 2 年以下 　　　　　B. 2 ~ 5 年 　　　　C. 6 ~ 10 年

D. 11 ~ 20 年 　　　　E. 20 年以上

3. 您的最高学历

A. 本科以下 　　　　　B. 本科 　　　　　　C. 研究生（硕士）

D. 研究生（博士）

4. 您的职称

A. 讲师 　　　　　　　B. 副教授 　　　　　C. 教授

5. 您是否担任硕士生导师

A. 是 　　　　　　　　B. 否

6. 您是否担任博士生导师

A. 是 　　　　　　　　B. 否

7. 您所在高校的类型

A. 综合类大学 　　　B. 师范类大学 　　C. 理工类大学

D. 体育类院校 　　　E. 其他

8. 您最擅长的课程属于哪个领域

A. 体育教学领域（体育课程导论、体育教材教法、运动技能学习原理、体适能理论与方法、体育心理学理论与方法等）

B. 运动训练领域（运动训练理论与方法、运动心理学理论与应用、运动训练科学监控、运动伤病的防治与康复、体能训练理论与方法等）

C. 竞赛组织与管理领域（体育市场营销、体育产业导论、体育管理理论与实务、体育法与伦理、体育赛事组织与管理等）

D. 社会体育指导领域（社会体育学、健身理论与实践、运动处方、运动休闲项目概要、大众体育管理等）

二、案例教学实施状况（根据您的实际情况选择最适合的选项）

1. 案例教学是体育硕士专业学位研究生教育的重要方式

A. 非常同意 　　　B. 同意 　　　C. 不确定

D. 不同意 　　　E. 非常不同意

2. 案例教学就是在体育硕士教学中举例说明

A. 非常同意 　　　B. 同意 　　　C. 不确定

D. 不同意 　　　E. 非常不同意

3. 案例教学只是一种辅助手段，无须整节课中全部使用

A. 非常同意 　　　B. 同意 　　　C. 不确定

D. 不同意 　　　E. 非常不同意

4. 案例教学能培养学生运用理论解决体育相关领域实际问题的能力

A. 非常同意 　　　B. 同意 　　　C. 不确定

D. 不同意 　　　E. 非常不同意

5. 案例教学能提升体育硕士的反思能力

A. 非常同意 　　　B. 同意 　　　C. 不确定

D. 不同意 　　　E. 非常不同意

6. 案例教学中的教学案例是真实发生的故事

A. 非常同意　　　　　　B. 同意　　　　　　C. 不确定

D. 不同意　　　　　　　E. 非常不同意

7. 案例教学中的教学案例需具有较为完整的故事情节

A. 非常同意　　　　　　B. 同意　　　　　　C. 不确定

D. 不同意　　　　　　　E. 非常不同意

8. 案例教学中使用的案例蕴含一定的行动智慧

A. 非常同意　　　　　　B. 同意　　　　　　C. 不确定

D. 不同意　　　　　　　E. 非常不同意

9. 搜集教学案例的素材需要进行实地考察与调研

A. 非常同意　　　　　　B. 同意　　　　　　C. 不确定

D. 不同意　　　　　　　E. 非常不同意

10. 您擅长课程的教学中使用案例教学的情况

A. 经常　　　　　　　　B. 偶尔　　　　　　C. 从不

11. 您对授课领域案例教学的熟悉程度

A. 非常熟悉　　　　　　B. 熟悉　　　　　　C. 一般

D. 不太熟悉　　　　　　E. 不熟悉

12. 您所在的高校鼓励教师使用案例教学授课的情况

A. 鼓励非常大　　　　　B. 鼓励较大　　　　C. 一般

D. 鼓励不大　　　　　　E. 没有鼓励

13. 您参加体育或相关学科案例教学培训的情况

A. 经常　　　　　　　　B. 偶尔　　　　　　C. 从不

14. 您所在的高校体育硕士培养的教学环境满足案例教学使用要求的
情况

A. 非常满足　　　　　　B. 满足　　　　　　C. 一般

D. 不太满足　　　　　　E. 不满足

15. 您参与体育硕士教学案例开发的情况

A. 经常　　　　　　　　B. 偶尔　　　　　　C. 从不

16. 您对体育硕士教学案例开发工作的熟悉程度

A. 非常熟悉　　　　　　B. 熟悉　　　　　　C. 一般

D. 不太熟悉　　　　　　　E. 不熟悉

17. 您用于案例教学的教学案例主要来源是（此题可多选）

A. 自己独立开发　　　　　　　　　B. 与案例中相关人士合作

C. 网络上体育案例库　　　　　　　D. 案例汇编的书籍

E. 其他来源　　　　　　　　　　　F. 从不使用

18. 您认为目前制约案例教学实施的因素是（此题可多选）

A. 缺乏体育硕士教学案例

B. 体育硕士教学案例的开放能力有限

C. 不清楚体育硕士案例教学如何上

D. 体育硕士案例开放太耽误时间

E. 学校没有激励案例教学的措施

F. 有案例进入国家级案例库不能与职称评定挂钩

G. 我校体育硕士生源的知识储备有限

H. 学校进行案例教学的条件不足

I. 体育硕士案例教学如何评价标准尚不明确

注：使用过案例教学的老师请继续填答下面的题目，未使用过案例教学的老师不作答。

19. 能很容易找到适合体育教学的案例

A. 非常同意　　　　　　B. 同意　　　　　　C. 不确定

D. 不同意　　　　　　　E. 非常不同意

20. 能为体育硕士提供充分的案例阅读材料

A. 非常同意　　　　　　B. 同意　　　　　　C. 不确定

D. 不同意　　　　　　　E. 非常不同意

21. 能很好地引导体育硕士进行案例讨论

A. 非常同意　　　　　　B. 同意　　　　　　C. 不确定

D. 不同意　　　　　　　E. 非常不同意

22. 体育硕士能够适应案例教学的方式

A. 非常同意　　　　　　B. 同意　　　　　　C. 不确定

D. 不同意　　　　　　　E. 非常不同意

23. 体育硕士在案例教学中有较大的收获

A. 非常同意   B. 同意   C. 不确定

D. 不同意   E. 非常不同意

24. 会继续在体育硕士的授课中使用案例教学

A. 非常同意   B. 同意   C. 不确定

D. 不同意   E. 非常不同意

附录 7 国外案例库中的体育学科案例汇总
（经验借鉴部分）

序号	名称	来源
1	3041 英里自行车道及人体机能的提高	美国国家科学案例教学中心（NCCSTS）
2	高中冰球运动课上的损伤	美国国家科学案例教学中心（NCCSTS）
3	了解跑步过程中的肌肉酸痛	美国国家科学案例教学中心（NCCSTS）
4	跑步时身体如何维持水平衡	美国国家科学案例教学中心（NCCSTS）
5	体育比赛中的致胜关键：动机、控制源和自我效能	美国国家科学案例教学中心（NCCSTS）
6	稀薄空气对登山运动者生理系统的改变	美国国家科学案例教学中心（NCCSTS）
7	运动过程前女性运动员的性别检查	美国国家科学案例教学中心（NCCSTS）
8	长跑过程中心率过快的原因分析	美国国家科学案例教学中心（NCCSTS）
9	大型田径比赛前夕的性别检查	美国国家科学案例教学中心（NCCSTS）
10	"肌肉男"：令人惊讶的收缩案例	美国国家科学案例教学中心（NCCSTS）
11	户外运动迷路后，身体遇冷的应对准备	美国国家科学案例教学中心（NCCSTS）
12	角色扮演与户外体验	美国国家科学案例教学中心（NCCSTS）
13	帕森滑雪坡发生泄漏	美国国家科学案例教学中心（NCCSTS）
14	体育教学善款投资与孩子肥胖改善	美国国家科学案例教学中心（NCCSTS）
15	退役运动员患有痴呆症：粗糙的游戏、大脑及蛋白质的结构	美国国家科学案例教学中心（NCCSTS）
16	我差点错过马拉松	美国国家科学案例教学中心（NCCSTS）
17	运动潜水导致的中枢神经系统损伤	美国国家科学案例教学中心（NCCSTS）
18	运动型渔民与拆除河坝之间的冲突	美国国家科学案例教学中心（NCCSTS）
19	2000 米竞技划船的运动员体内平衡	美国国家科学案例教学中心（NCCSTS）
20	2000 米赛艇比赛轻量级运动员的表现焦虑	美国国家科学案例教学中心（NCCSTS）
21	对受伤武术家做出的明智诊断	美国国家科学案例教学中心（NCCSTS）
22	高中运动员的膝盖康复	美国国家科学案例教学中心（NCCSTS）
23	花样滑冰运动员参赛前夕的健康控制	美国国家科学案例教学中心（NCCSTS）
24	足球生涯与大脑创伤	美国国家科学案例教学中心（NCCSTS）

续表

序号	名称	来源
25	McKeever 教练：非常规的领导力课程	哈佛大学案例中心
26	改善曲棍球队	哈佛大学案例中心
27	克拉克教练：这与获胜无关，这是关于变得更好	哈佛大学案例中心
28	骑士教练：胜利的意愿	哈佛大学案例中心
29	USGA 和美国高尔夫周	哈佛大学案例中心
30	巴塞罗那足球俱乐部：全球化的机会	哈佛大学案例中心
31	德尔马赛马场：重塑赛马爱好者的体验	哈佛大学案例中心
32	福克斯体育新闻集团的体育帝国	哈佛大学案例中心
33	蓝水足球协会	哈佛大学案例中心
34	马德里竞技俱乐部的品牌：本地还是全球？	哈佛大学案例中心
35	美国职棒大联盟先进媒体：美国的消遣走向数字化	哈佛大学案例中心
36	哪个女子网球协会能来中国？	哈佛大学案例中心
37	洛杉矶足球俱乐部的启动	哈佛大学案例中心
38	全国女子足球联赛：迈向女子足球成功的职业化？	哈佛大学案例中心
39	体育市场的力量：印度超级足球联赛	哈佛大学案例中心
40	印度超级联赛：宝莱坞和创业改变了一项体育	哈佛大学案例中心
41	Topgolf：建立全球体育娱乐社区	哈佛大学案例中心
42	跋涉激流：印度的冒险体育旅游	哈佛大学案例中心
43	不以营利为目的体育和体育活动中的私营部门伙伴关系：作为冠军参加	哈佛大学案例中心
44	公民体育网：不断发展的产品和商业模式	哈佛大学案例中心
45	国际搏击联盟：混合武术创业的战略	哈佛大学案例中心
46	街头联赛滑板运动：新体育联盟面临的挑战	哈佛大学案例中心
47	香港赛马会：重新定位非营利组织	哈佛大学案例中心
48	教练 K：事关重大	哈佛大学案例中心
49	全国橄榄球联盟和脑损伤	哈佛大学案例中心
50	改进体育中心及曲棍球队	毅伟案例中心
51	吉纳维芙·萨尔巴因的芭蕾舞：流走在时间节奏中的故事	毅伟案例中心
52	美国 XYZ 博物馆	毅伟案例中心
53	美国橄榄球联盟的家庭暴力真的改变了吗？	毅伟案例中心

续表

序号	名称	来源
54	美国职业高尔夫球协会：周日是为电视制作准备的吗？	毅伟案例中心
55	梦幻曲棍球：交易还是竞争？	毅伟案例中心
56	世界冠军摔跤：教练领导力的危机	毅伟案例中心
57	跳体操如何跳进孩子的健康之中？	毅伟案例中心
58	2007 年印度板球运动：迷路了吗？	毅伟案例中心
59	爱尔兰盖尔语体育协会和橄榄球联盟商业模式竞争	毅伟案例中心
60	超越史诗：打造超越单一事件的业务	毅伟案例中心
61	得克萨斯大学：大学体育会议重组	毅伟案例中心
62	负责：拜仁慕尼黑俱乐部的尤尔根·克林斯曼	毅伟案例中心
63	观澜湖引领中国高尔夫产业	毅伟案例中心
64	广州恒大淘宝网：重视增长潜力	毅伟案例中心
65	国际足联：美丽的足球和全球丑闻	毅伟案例中心
66	环球蹦床公园国际扩张的起伏	毅伟案例中心
67	蓝山度假村：夜间滑雪的决定	毅伟案例中心
68	蓝水足球协会	毅伟案例中心
69	落基山高山滑雪度假村	毅伟案例中心
70	漫游者：奔向成长还是远离成长？	毅伟案例中心
71	美国大学生体育协会的垄断力量	毅伟案例中心
72	南亚运动会：向东北的冲刺	毅伟案例中心
73	曲棍球·溜冰鞋：重新推出	毅伟案例中心
74	赛车的未来：战略营销 Regina 赛车俱乐部	毅伟案例中心
75	山区设备合作：数字战略	毅伟案例中心
76	商业系统集团和铁人三项赞助问题	毅伟案例中心
77	神秘河高尔夫俱乐部	毅伟案例中心
78	斯波蒂夫马阿俱乐部如何保持领先地位？	毅伟案例中心
79	西汉姆联队足球俱乐部的奥林匹克体育场	毅伟案例中心
80	拉里加：将西班牙足球带到美国	毅伟案例中心
81	选择正确的电竞商业模式	毅伟案例中心
82	印度板球超级联赛负责统率板球	毅伟案例中心
83	印度超级联赛的启动	毅伟案例中心

续表

序号	名称	来源
84	职业网球运动中的风险与回报	毅伟案例中心
85	中国冰壶协会的未来之路	毅伟案例中心
86	中国情境中 NBA 未完成的梦想	毅伟案例中心
87	2004 年美国健身俱乐部行业	毅伟案例中心
88	2006 年世界杯：阿迪达斯的移动营销	毅伟案例中心
89	阿迪达斯的三条街到底值多少钱？阿迪达斯起诉判决	毅伟案例中心
90	阿尔菲：制定一个虚拟健身礼宾平台	毅伟案例中心
91	巴里的棒球练习场	毅伟案例中心
92	登山设备合作社：利益相关者在社交媒体上	毅伟案例中心
93	迪卡侬中国：使用社交媒体渗透互联网市场	毅伟案例中心
94	蒂姆·霍顿·布莱尔的运动生命历程	毅伟案例中心
95	特累西·巴拉的伦敦产业与体育贡献	毅伟案例中心
96	关闭解决方案：体育创业	毅伟案例中心
97	行星健身：没有判决，没有傻瓜	毅伟案例中心
98	宏观经济力量·国家冰球联盟银行：赢得斯坦利杯	毅伟案例中心
99	霍斯特·达斯勒，阿迪达斯和体育的商业化	毅伟案例中心
100	基奇纳流浪者曲棍球俱乐部：滑向未来	毅伟案例中心
101	阶梯智能健身	毅伟案例中心
102	伦敦 Aradia 健身	毅伟案例中心
103	蒙特利尔之星	毅伟案例中心
104	球场保龄球中心	毅伟案例中心
105	十项全能中国：利用社交媒体渗透互联网市场	毅伟案例中心
106	徒步自行车只是一个名字还是价值观的总和？	毅伟案例中心
107	西雅图中心体育馆：找不到有经验的人	毅伟案例中心
108	寻找黄金：潜在奥运奖牌获得者的梦想实现之路	毅伟案例中心
109	印度运动营养公司的肌肉"黑索令"：一种新产品的定价、包装和需求预测	毅伟案例中心
110	终极格斗锦标赛与文化生存力	毅伟案例中心
111	尊巴健身	毅伟案例中心
112	慢跑运动：泰国的运动服装和冰球	毅伟案例中心

序号	名称	来源
113	安大略冰球联盟	毅伟案例中心
114	克赖斯特彻奇地震与十字军橄榄球	毅伟案例中心
115	激流勇进：印度的冒险体育旅游	毅伟案例中心
116	体育方面的 IEC	毅伟案例中心
117	大河大学水牛俱乐部的体育作业与规则条文	毅伟案例中心
118	布鲁克斯体育：与巨人队竞争	毅伟案例中心
119	梦幻体育：一种技巧或机会的游戏	毅伟案例中心
120	挑战波多黎各体育管理局	毅伟案例中心
121	威尔希尔体育用品有限公司	毅伟案例中心
122	棒球界最好的击球手	毅伟案例中心
123	奥林匹克选择：品格、能力和承诺	毅伟案例中心
124	纽约健康俱乐部的个人培训	毅伟案例中心
125	网球界的四巨头	毅伟案例中心
126	西方健身：有氧运动项目的改进	毅伟案例中心

附录8　国外体育教学案例特征分析的依据

类别	构成	解释
体育案例的标题类型	暗喻关联式	标题文字或要素之间，给人留下深层及含蓄的思考空间，多用于表达标题要素之间的隐喻关系
	多层断续式	案例主题要素过多，通过多个要素组合的形式来表达案例内容，例如"运动·健康·身体促进""国家运动防控中心：决策·机制"
	范例式	案例主题明确，被设问的主题已有较为明确的解决途径，其经验总结具有规范指导意义
	警句告诫式	借助典故、警句来表示主要问题尚未解决，多用于值得反思的反面案例的总结
	设问求解式	以疑问、疑惑、范文、咨询求解等形式出现，案例标题本身最大的特征即以"？"作为结尾
	主题概括式	直接且中性地反映案例主题，有时带有明确的观点倾向
体育案例的功能取向	实例启发取向	通过较为完整的案例，来启发学习者接受、获取和效仿
	思考反省取向	强调通过案例教学，鼓励学生发展批判思考及解决案例中问题的能力，有时还可以进一步引导学生通过反省进行自我理论建构
体育案例的内容属性	冰山型	激发学生思考需要哪些额外的信息，来提高学生界定问题和收集信息的能力
	对话型	案例描述多个人之间的具体互动，案例内容本身有较强的角色定位，需要学生进入不同的角色，设身处地地假设、求证态度或者需要等
	事件型	案例较为详细地描述了某个特定的事件，但所提供的案例背景较少
	数据型	案例中提供了大量没有联系、有较少联系或有较多联系的数据，需要学生从中找到有意义的联系
	说明型	案例详细地描述了某个事件或过程，学生需要通过案例内容要素来理解实践情境下的真实世界
	应用型	案例提供了一种具体的需求，学生需要做的任务非常具体，一般是基于所提供的信息进行评估、策划、规划等

续表

类别	构成	解释
体育案例的 特定目的	特定学习 对象案例	根据学习对象的需要而编制的案例
	特定主题案例	根据特定的主题而编制的案例
体育案例的长度	大型案例 （>20 页）	虽然公共管理领域有将案例分为简单案例与复杂案例的经验，但这种分类法是以特定案例分析程序对学习者的难易程度作为衡量标准的。本书主要按照案例长度进行区分，一般来说，案例内容越少，案例分析的复杂性就越高，案例难度也就越大；但案例内容越多，案例并非越简单。案例内容较多，其中的无关信息可能较多，需要学习者投入更多的精力在案例材料中进行重新筛选与甄别，这将消耗学习者不少的时间和精力
	中型案例 （10～20 页）	
	小型案例 （<10 页）	

图书在版编目（CIP）数据

我国体育硕士专业学位研究生案例教学研究／王涛
著. -- 北京：社会科学文献出版社，2022.11
ISBN 978 - 7 - 5228 - 0593 - 1

Ⅰ.①我… Ⅱ.①王… Ⅲ.①体育教育－研究生教育
－教学研究－中国 Ⅳ.①G807.4

中国版本图书馆 CIP 数据核字（2022）第 152413 号

我国体育硕士专业学位研究生案例教学研究

著　者／王　涛

出 版 人／王利民
组稿编辑／祝得彬
责任编辑／张　萍
文稿编辑／李艳璐
责任印制／王京美

出　　版／社会科学文献出版社·当代世界出版分社（010）59367004
　　　　　　地址：北京市北三环中路甲29号院华龙大厦　邮编：100029
　　　　　　网址：www.ssap.com.cn
发　　行／社会科学文献出版社（010）59367028
印　　装／三河市龙林印务有限公司

规　　格／开　本：787mm × 1092mm　1/16
　　　　　　印　张：14.75　字　数：235千字
版　　次／2022 年 11 月第 1 版　2022 年 11 月第 1 次印刷
书　　号／ISBN 978 - 7 - 5228 - 0593 - 1
定　　价／98.00 元

读者服务电话：4008918866